John Erich Nielsen, Deutsch von Astrid Büntge:
Mord am 18. Loch
Originaltitel: *Meurtre au dix-huitième trou*,
Editions HoH, 2005

Umschlaggestaltung : kup design
Umschlagfoto : Wolfgang Claussen
Illustrationen : fotolia.de

Unisono, 25bis rue Clavel, 75019 Paris

ISBN: 1723401145

John Erich Nielsen

Mord am 18. Loch

Kriminalroman

Deutsch von Astrid Büntge

IN SAND GEBETTET 1

VERLETZUNG DER ETIKETTE 19

TANTE MIDGE AM APPARAT 55

EIN BAD BEI ROTER FLAGGE 113

AM CUT SCHEITERN 147

DREH NIE DEN RÜCKEN ZUM INSPEKTOR 159

VON BÄLLEN UND BALLISTIK 179

EAGLE! 205

DAS SPIEL IST AUS 237

ÜBER DEN AUTOR 251

IN SAND GEBETTET

„Spielen Sie Golf, Inspektor?"

Die Kollegen hatten ihn gewarnt, dass Kommissar Wilkinson ein komischer Kauz sei. Aber das allererste Gespräch mit solch einer Frage zu beginnen... Was sollte er seinem Vorgesetzten darauf antworten? Handelte es sich um einen lokalen Brauch, eine Art Aufnahmeritual zur Begrüßung? Wollte der Kommissar sich anhand der Qualität seines Golfschwungs von dem frisch Eingestellten ein Bild machen? Suchte er unter seinen Untergebenen einen Sparring-Partner, als harmloses Alibi für seine Frau, um spätes abendliches Heimkehren in alkoholisiertem Zustand rechtfertigen zu können? Oder aber, noch unwahrscheinlicher, allerdings auch die delikateste Erklärung, die ihm einfiel, hatte es der Alte gar auf den knackigen und schlanken Körper des jungen Inspektors abgesehen?

Eine schöne erste Dienststelle! Sweeney erschauerte. *Wenn ich das geahnt hätte, wäre ich lieber ins heimische Aberdeen zurückgegangen wie mein alter Kumpel Harry, anstatt mich hier mit den Spinnern in der Hauptstadt herumzuschlagen. Vielleicht hätte ich doch besser auf ihn hören sollen…*

„Also, Inspektor?"

„Ähm… Wissen Sie, ich stehe mehr auf Rugby, Kommissar. Mein Vater hat sogar in der schottischen Junioren-Nationalmannschaft gespielt", antwortete Sweeney zufrieden, in der Überzeugung, dass seine Antwort ihm die beunruhigenden Szenarien ersparen würde, die er sich soeben ausgemalt hatte.

Nein, was für ein Dummkopf, dieser Sweeney, der ist aber schwer von Begriff! fluchte Kommissar Wilkinson innerlich und musterte den erfreuten Gesichtsausdruck des Neulings. *Das wundert mich überhaupt nicht. Heutzutage gehen nach Abschluss der Polizeischule die Absolventen mit den besten Noten in die Verwaltung. Da machen sie sich nicht die Hände schmutzig und klettern außerdem noch schnell die Karriereleiter hoch. Als ich in diesem Alter war… aber lassen wir das…*

„Das habe ich Sie nicht gefragt, Inspektor. Setzen Sie sich!", befahl ihm Wilkinson in recht verärgertem Tonfall und wies auf den Sessel mit den abgewetzten Armlehnen, mit welchem die schottische Polizei sein Büro ausgestattet hatte.

Au weia, dachte Swewney sorgenvoll, als er sah, wie der Stiernacken seines Vorgesetzten plötzlich anschwoll. *Das scheint nicht gerade mein Glückstag zu sein, der Chef wirkt stinksauer. Und jetzt, wo ich sitze, bedeutet dies vermutlich, dass es länger dauern wird. Gleich werde ich wohl erfahren, warum die Kollegen ihn „Wilkinson das Rasiermesser" nennen…*

Kommissar Wilkinson fühlte sich ausgelaugt, zum einen wegen der Sommerhitze, durch welche die Luft in seinem Büro zum Schneiden dick war, zum anderen wegen der Einfältigkeit des Grünschnabels vor ihm, der sich einbildete, er würde von ihm dazu eingeladen werden, kleine weiße Bälle durch die Gegend zu schlagen. Er hub zu einer flammenden, nicht enden wollenden Rede gegen das Ausbildungssystem der schottischen Polizei an, gegen eine Hierarchie, die ihn zu früh aus der aktiven Ermittlertätigkeit herausgedrängt hatte, gegen seine eigene Beförderung, die, so schmeichelhaft sie auch sein mochte, ihn für immer der Möglichkeit beraubt hatte, dem nachzugehen, was seinen Beruf – um nicht zu sagen seine Berufung – eigentlich ausmachte... nicht zuletzt wetterte er gegen junge Inspektoren, die nicht merkten, dass sie gerade das Glück hatten, die schönsten Jahre ihrer Karriere zu durchleben.

Während Wilkinson sich in lange Klagen über sein Schicksal und unendlich scheinende Monologe erging, die seinem Spitznamen alle Ehre machten, hatte Sweeney ausreichend Zeit festzustellen, dass die frühzeitig erlangte Leibesfülle des Kommissars, die minutiöse Platzierung jedes einzelnen Möbelstücks in seinem Büro, sowie die wie mit dem Millimetermaß angeordneten Gegenstände auf dem Tisch im Gegenteil verrieten, dass seine derzeitigen Funktionen, die es ihm erlaubten, junge unerfahrene Inspektoren nach Herzenslust zu beleidigen, den Kommissar in Wirklichkeit mit tiefer Zufriedenheit erfüllten.

Erst nachdem er sich selbst durch diese scharfsinnig gezogenen Rückschlüsse beruhigt hatte, gelang es Sweeney, seinem Vorgesetzten respektvoll zuzuhören – wobei er es allerdings nicht schaffte, ein Grinsen zu unterdrücken, aus dem sich eine selbstgefällige Zufriedenheit ablesen ließ.

„Finden Sie etwa lustig, was ich sage, Inspektor?"

„Äh... Nein, natürlich nicht, Herr Kommissar. Aber ich dachte gerade, dass..."

„Ach so, dann sollten Sie mal lernen, besser nachzudenken, Sweeney. Meinen Sie ernsthaft, dass ich mir die Mühe mache, meine Inspektoren einzubestellen, um deren Freizeitprogramm zu organisieren? Da habe ich Besseres zu tun, das können Sie mir glauben!"

Schweißtropfen begannen in Wilkinsons zu engen Hemdkragen zu sickern. Diese waren ihm im Takt seiner aus tiefstem Herzen vorgebrachten Klagen gegen ein System hervorgeperlt, welches ihm in einer Zeit des Jahres, wo die erfahrensten Ermittler in den Urlaub fuhren, unerfahrene Anfänger zuwies.

„Verstehen Sie, Sweeney. Wenn ich Ihnen einen erfahrenen Partner an die Seite stellen könnte, würde ich das sofort tun. Aber so ist es nun mal. Die Hälfte des Teams schickt mir die gleichen idiotischen Postkarten mit Stränden oder dämlichen Palmen drauf, während diejenigen, die hiergeblieben sind, die anfallende Arbeit erledigen müssen. Und wenn es dann einen Notfall gibt, tja..."

„Sie sprachen vorhin von Golf, Herr Kommissar?", ereiferte sich Sweeney, dessen Hirnzellen bei dem verheißungsvollen Wort *Notfall* aus ihrer Starre erwacht waren. „Wo ist der Zusammenhang mit einem Kriminalfall?", fügte er schnell hinzu.

Endlich gelang Wilkinson ein Lächeln. Vielleicht war das Bürschchen am Ende ja doch nicht so schlecht ausgebildet.

*

Der Kommissar musterte seinen neuen Inspektor. Kaum zu glauben, er war tatsächlich drauf und dran, einen solch wichtigen Fall einem Anfänger anzuvertrauen, noch dazu diesem... diesem... *Hänfling*, dachte Wilkinson. *Dieses Bürschlein sieht irgendwie nach nichts aus!*

Es stimmte, das Problem mit Sweeney war, dass man ihn nicht richtig einordnen konnte. Wegen dieses... Wegen dieses... Eigentlich schien Sweeney ausschließlich aus seinem Bart zu bestehen. Ein roter, kurzer, struppiger und schlecht frisierter, wirklich ungepflegt wirkender und hässlicher Bart, der seine gesamte Erscheinung dominierte. Denn Wilkinson konnte nach weiteren Merkmalen suchen, so viel er wollte... Nein, wirklich, außer diesem unerträglichen Kranz aus roten Barthaaren um seinen Hals...

Der mittelgroße Sweeney hob sich durch kein anderes körperliches Merkmal hervor. Er trug keine Brille. Seine Gesichtszüge waren wie ausgelöscht durch den allgegenwärtigen Haarkranz, der Wangen und Kinn entflammte. Seine winzigen schwarzen Augen wirkten darin unbeweglich, ausdruckslos, einfach nur offen.

Und seine Kleidung... tja! Ein dunkles T-Shirt, das noch nie Begegnung mit einem Bügeleisen gemacht zu haben schien, eine graue Stoffhose, für die selbst die elementarsten Falten Böhmische Dörfer waren und triste braune Socken, wie sie ein anglikanischer Pastor tragen könnte. Eine Katastrophe! Sweeneys Körper schien nur einem einzigen Zweck zu dienen, und zwar dem, seinen fürchterlichen Bart von einem Ort zum anderen zu tragen.

Erstaunlich für einen jungen Mann, dachte Wilkinson erneut. *Er kommt daher wie ein Langezeitstudent. Aber gut, ich muss mich wohl daran gewöhnen, so ist das anscheinend mit der neuen Generation...* überzeugte sich schließlich der Kommissar.

*

„Gut, Inspektor Sweeney. Also los. Was Ihre große Premiere angeht, werden Sie sicherlich nicht enttäuscht sein“, kündigte Wilkinson unmittelbar an und tauchte seine dicken Finger mitten in einen Stapel akribisch aufgetürmter Akten. Ohne diesen auch nur zum Zittern zu bringen zog er eine Mappe aus gelber Pappe daraus hervor, die er sogleich mit großer Geste feierlich öffnete, wobei ein deutlicher Schweißgeruch unter seinen Achseln hervorströmte. Dann richtete er seinen Blick auf Sweeneys Bart.

„Sind Sie bereit, Inspektor? Haben Sie etwas zum Schreiben parat?“, fragte er, wie er es immer machte, wenn er eine seiner Spürnasen mit einem neuen Fall betraute.

Zu seinem großen Erstaunen zog Sweeney einen winzigen, viereckigen, metallenen Gegenstand aus den Tiefen seiner Hosentasche hervor.

„Ein Diktiergerät, Kommissar, das stört Sie doch nicht? Das hat man uns in der Schule empfohlen.“

„Äh... Nein, natürlich nicht“, entgegnete Wilkinson und tat so, als sei er mit den Methoden seiner Kollegen in der Ausbildung bestens vertraut. „Aber... Sie machen sich doch wenigstens hinterher Notizen?“

„Selbstverständlich, Kommissar, sobald ich zu Hause bin.“ Sweeney legte sein Gerät auf den Rand des Schreibtischs. „Kick“, und das Band begann sich langsam aufzurollen.

Wilkinson hatte plötzlich den Eindruck, dass in diesem Moment die Modernität schlagartig und ohne Vorwarnung in seinem bisher so ordentlichen und vorhersehbaren Büro Einzug gehalten hatte. Außerdem hatte er das Gefühl, dass die schwarzen Augen des Diktiergeräts ihn aus leeren Höhlen anstarrten, und dass der Zweck ihrer langsamen Rotation einzig darin bestand, ihn zu hypnotisieren. Nach einigen Augenblicken, erfüllt von einer Mischung aus Zögern und Apathie, gelang es dem Kommissar endlich, seinen Blick von dem betörenden Gerät abzuwenden. Innerlich verfluchte er die Empfehlungen der Polizeischule, dann entschloss er sich schließlich, zur Sache zu kommen:

„Ähm... Also... Ja, nun gut. Es handelt sich um eine Frau, eine Amerikanerin, zweiunddreißig Jahre alt, die vor etwa zwei Wochen ermordet wurde. Ihre Leiche ist erst sechs Tage nach ihrem Tod entdeckt worden, und zwar auf dem Golfplatz von St Andrews, und...“

„Ah! Deshalb haben Sie mich gefragt, ob ich Golf spiele. Aber warten Sie, Kommissar, St Andrews liegt doch südlich von Dundee. Das gehört also zu deren Einzugsgebiet, nicht? Inwiefern betrifft uns...“

„Erlauben Sie, dass ich fortfahre, Inspektor? In dieser Geschwindigkeit wird das Band Ihres... Ihres Dings da, niemals ausreichen... Ist es jetzt gut, kann ich weitersprechen?“ Die gerunzelten Brauen des Kommissars blickten ihn durchdringend an, voll Genugtuung darüber, dem jungen Sweeney die Sache mit dem Diktiergerät so schnell heimzahlen zu können.

„Ich sagte also...“ fuhr er schulmeisterlich fort, „die junge Frau hieß Amanda Nelson. Sie stammte aus Wisconsin und wohnte in Florida, in Palm Beach. Todesursache ist... einen Moment, ich lese vor... *‚ein schwerer Schlag gegen die Schläfe‘*, aber die Details lassen Sie sich besser von...“

„Soll etwa *ich* diesen Fall übernehmen?“

„Was glauben Sie wohl?“, schnitt ihm die verärgerte Stimme seines Vorgesetzten das Wort ab. „Seien Sie nicht so ungeduldig, Sweeney!“, schimpfte der Kommissar. „Lernen Sie zuzuhören, verdammt! In unserem Beruf ist das wichtig. Fragen stellen, das ist eine Sache, aber viel wichtiger ist es, die Antworten auf sich wirken zu lassen. Lassen Sie mich erklären... Der Todeszeitpunkt ist Dienstag, der 13. Juli, doch die Leiche wurde erst am darauffolgenden Montag, am Morgen des 19. Juli, von einem Gärtner des Golfplatzes gefunden. Die Frau war nicht als vermisst gemeldet worden. Am Eigenartigsten ist, dass der Mörder sie in einem Hindernis, einem Bunker, im Sand vergraben hat. Sie wissen schon, diese Art breite Mulden, die den Spielern das Leben schwer machen sollen.“

„Äh... Ja, ich kann es mir in etwa vorstellen. Und was haben sie in Dundee herausgefunden? Motive, Hinweise, Verdächtige? Eine ermordete

Amerikanerin auf einem Golfplatz, es dürfte ja nicht so schwierig sein herauszufinden, wie sie…"

„Eben doch, das ist es ja gerade. Und aus eben diesem Grund werden wir, das heißt, werden *Sie* den Fall übernehmen. Aber lassen Sie mich der Reihe nach fortfahren. Sie können es sich sicherlich denken, wir haben keinen direkten Zeugen und, was viel ungewöhnlicher ist, fast niemanden, den wir befragen können. Wissen Sie, das Opfer, Amanda Nelson, wurde zwar nicht als vermisst gemeldet. Trotzdem hat sie einen Ehemann, einen gewissen… Buddy… Buddy Nelson, und einen Vater, General Arthur Boyle, der sich als erster gemeldet hat, als die Presse von einer unbekannten Leiche berichtete, die im Sand der renommierten Golfanlage von St Andrews gefunden wurde."

„Renommiert, renommiert… Also mir hat das bis vor fünf Minuten noch nicht viel gesagt, Herr Kommissar. Aber der Ehemann, der ist doch auch Amerikaner, so wie der Vater, nehme ich an? Okay… Warum hat der nicht reagiert? Die amerikanische Polizei hat die beiden doch sicher verhört? "

„Das ist ja die Schwierigkeit. Der Ehemann, sowie der Vater, sind schon in die USA zurückgekehrt. Selbst die Leiche ist dorthin zurückgeführt worden."

„Wie, *zurückgekehrt*? Waren die beiden denn in Schottland?"

„Ganz genau, Inspektor, für die *British Open*, die zwei Tage nach dem Mord begonnen haben. Interessant, nicht wahr? Ich hatte Ihnen gesagt, Sie würden nicht enttäuscht werden… Und das Bemerkenswerteste ist, dass diese beiden wichtigen Zeugen ins Flugzeug gestiegen sind, bevor die Leiche überhaupt entdeckt worden ist. Daher konnten die Kollegen in Dundee nur noch die Mitarbeiter des Golfplatzes oder Personen befragen, mit denen Mrs. Nelson während ihres Aufenthalts Kontakt gehabt haben könnte. Man hat eine Autopsie vorgenommen, bevor sie ihrer Familie zur Bestattung übergeben wurde, aber das ist auch schon so gut wie alles."

„Das ist merkwürdig... Einen derartigen Fall haben wir in der Polizeischule nicht behandelt... Aber eine Sache habe ich immer noch nicht verstanden, Kommissar, und zwar, warum wir im Kommissariat von Edinburgh den Fall übernehmen sollen."

„Doch, genau das ist es ja, Inspektor. Das ist sozusagen die zweite Stufe der Rakete", fügte Wilkinson schnell hinzu, darum bemüht, Spannung aufzubauen.

Genüsslich fuhr er dann fort: „Diese Amanda Nelson, das ist nicht einfach irgendjemand, wissen Sie."

„Kenne ich nicht."

„Verständlich, wenn Sie sich nicht für Golf interessieren... Ihr Mann Buddy war bis zum letzten Jahr Caddie des weltbesten Golfspielers Will Tyron Junior!", rief Wilkinson aus, überzeugt, dass sein Inspektor bei der Erwähnung dieses weltberühmten Sportlers endlich eine Reaktion zeigen würde.

Doch umsonst.

„Verzeihen Sie, Kommissar. Kenne ich auch nicht. Und was ist ein Caddie?", fragte Sweeney mit entwaffnender Unwissenheit.

Enttäuscht musste Wilkinson feststellen, dass seine Rakete anstatt einzuschlagen wirkungslos verpufft war.

„Also Sie, sagen Sie mal, das ist ja unglaublich! Kommt es eigentlich auch mal vor, dass Sie eine Zeitung öffnen oder den Fernseher anschalten, Inspektor?“

„Um ehrlich zu sein, nicht sehr oft. Ich lege mir zur Entspannung lieber eine CD ein, höre ein bisschen Musik, tippe auf meinem Laptop herum, oder gehe in die Stadt.“

„Also sagt Ihnen der Name Will Tyron Junior absolut gar nichts?“

„Genau so wenig wie der Name des Kapitäns der Curling-Nationalmannschaft.“

„Nun gut... So kommen wir hier offensichtlich nicht weiter... Also, ich fange noch einmal von vorne an. Ihr Apparat da, hält der wenigstens so lange durch?“

„Der hat zwei Stunden Laufzeit, Kommissar. Kein Problem.“

„Wenigstens eine Sorge weniger“, seufzte Wilkinson missmutig. „Versuchen wir die Dinge klar zu stellen. Ein Caddie, das ist derjenige, der beim Golf die Schläger des Spielers trägt. Verstanden?“

„Bis hierher kann ich Ihnen folgen. Wir können fortfahren.“

„Die weltbesten Spieler treten auf großen internationalen Turnieren gegeneinander an, ein bisschen wie beim Tennis. Es gibt eine *British Open*, eine *US Open*, ein *Masters*, ...“

„Ah, okay... Das verstehe ich, Kommissar. Dann ist also Will Tyron Junior eine Art Roger Federer des kleinen weißen Balls?“

„Hervorragende Schlussfolgerung, Inspektor! Sie beruhigen mich... Und wie ich Ihnen bereits sagte, war Buddy Nelson bis vor einigen Monaten noch der persönliche Caddie dieses Spielers. Alles klar?“

„Ja. Aber warum arbeitet er jetzt nicht mehr für ihn?“

„Sehr gut Sweeney, ich stelle mit Freuden fest, dass Sie wieder unter uns weilen. Vor etwas weniger als einem Jahr berichtete die Presse von einer außerehelichen Beziehung zwischen Will Tyron Jr. und… und… na, kommen Sie drauf?“

„Der Frau seines Caddies?“

„Bingo! Amanda Nelson, das Opfer. Um nicht auf den ersten Seiten der Klatschpresse zu enden, hat sich Tyron Jr. zu Beginn der aktuellen Saison von Nelson getrennt. Und das ist noch nicht alles.“

„Das ist doch schon ganz gut, Kommissar. Oder?“

„Es handelt sich um einen wichtigen Fakt, Inspektor, aufgrund dessen wir überhaupt erst mit dieser Angelegenheit betraut wurden. Ich sagte Ihnen doch, dass Amanda Nelson die Tochter des Generals Arthur Boyle war, erinnern Sie sich?“

„Äh… ja.“

„Natürlich haben Sie auch keine Ahnung, um wen es sich dabei handelt?“

„Nun ja…“

„General Arthur Boyle ist einer der beiden Direktoren der US PGA, der *Professional Golfer‘s Association*, einer wichtigen Organisation im internationalen Golfsport. Es handelt sich um die weltweit größte Sportvereinigung, mit 28.000 Mitarbeitern – das brauchen Sie sich nicht zu merken, Sweeney, das steht alles in der Akte – und mit einem Umsatz weit über dem der Formel Eins oder des Fußballs. Verstehen Sie, worum es hier geht? Davon abgesehen ist Boyle, auch wenn er sich mittlerweile im Ruhestand befindet, die ehemalige Nummer zwei im Pentagon. Ein Jahr lang war er sogar militärischer Berater des letzten amerikanischen Präsidenten... Als er aus Altersgründen die Uniform an den Nagel gehängt hat, ist Boyle Generaldirektor der Supermarktkette Wat Mall geworden, die er in nicht einmal drei Jahren erfolgreich saniert und zum Marktführer im Lebensmitteleinzelhandel aufgebaut hat. Aus diesem Grund hat ihn die PGA an seine Spitze gewählt. Ein unglaublicher Kerl, nicht wahr? Tja, und diese Amanda Nelson, um die wir uns nun kümmern müssen, war seine Tochter."

„Na, ich muss sagen, Kommissar... Das ist alles andere als banal."

„Verstehen Sie jetzt, warum ich von Ihrer ‚großen Premiere' gesprochen habe, Inspektor?"

„Aber Kommissar, wollen Sie wirklich, dass ich diese Sache übernehme? Ich würde es vorziehen, weiter McTirney in dem Fall der beiden Wasserleichen zu helfen, die im Hafen gefunden wurden. Ich bin darin eingearbeitet und könnte, wenn Sie einverstanden sind, die Ermittlungen übernehmen, während er ..."

„Ruhig, ruhig, Sweeney. Ich habe mir das gründlich überlegt. Lassen Sie McTirney diese Sache mit den beiden Amateur-Tauchern alleine regeln. Trotz allem Anschein ist die Arbeit, die ich Ihnen anvertraue, relativ einfach. Selbst wenn Sie alleine arbeiten müssen, ist das für Sie zum Einarbeiten sogar ganz gut. Alles, was ich von Ihnen erwarte ist, dass Sie sich übergangsweise im August dieses Falls annehmen. Während der Ferien ist bei uns die Personaldecke extrem dünn, das wissen Sie ja selber.

Ich brauche einfach jemanden, der mir diese Ermittlungsakte auf eine solide Grundlage stellt, bis Anfang September alle meine Teammitglieder wieder da sind und wir die Karten neu verteilen können. Diesen Fall vertraue ich zwei alten Hasen an, und vermutlich lasse ich Sie dann weiter mit Inspektor Mc Tirney zusammenarbeiten... Sind die Spielregeln soweit klar für Sie, Sweeney?"

„Unter diesen Umständen... Ja, Kommissar. Aber Sie sagten ja, dass die Hauptzeugen sich in den USA befinden. Wie soll ich denn Klarheit in den Fall bringen, wenn ich noch nicht einmal..."

„Und das hier?", entgegnete Wilkinson mit einem strahlenden Grinsen und entfaltete ein rosafarbenes Durchschlagpapier unter Sweeneys verblüffter Nase, die Kopie eines Formulars, das der junge Inspektor noch nie zuvor gesehen hatte.

„Wissen Sie, was das ist, Inspektor?"

Sweeneys Blick wurde trüb, es gelang ihm nicht, mehr zu entziffern als die fetten Lettern, die am Kopf des Blattes prangten: *INTERPOL*!

„Das ist... Das ist ja genial, Kommissar! Soll das heißen, dass ich... dass ich nach..."

„Ganz genau, Sie Glückspilz. Sie machen einen Besuch bei Onkel Sam. Gut, es wird keine lange Reise. Nur fünf Tage, mehr steht Ihnen nicht zur Verfügung. In dieser Zeit sammeln Sie – selbstverständlich in enger Zusammenarbeit mit der lokalen Polizei – die Zeugenaussagen, anhand derer wir ab September ordnungsgemäße Ermittlungen einleiten können. Sind Sie immer noch mit von der Partie, Sweeney?"

„Damit hätte ich nicht... Wann soll die Reise denn stattfinden, Kommissar?"

„Sprechen Sie das mit dem Sekretariat in der Verwaltung ab, die kümmern sich um den Papierkram. Die brauchen noch irgendwelche Angaben von Ihnen, Impfpass, Reisepass, etc. Normalerweise fahren Sie in ungefähr zehn Tagen los."

„Und wohin fahre ich genau?"

„Ach ja, stimmt. Sie waren sicher schon einmal in den USA?"

„Naja... nein, noch nie."

„Also, Sie nehmen auch jedes Fettnäpfchen mit, soviel steht mal fest. Bundesstaat Georgia, Augusta, wissen Sie, wo das ist?"

„..."

„Sweeney, erinnern Sie mich daran, dass ich Ihnen einen Atlas zum Geburtstag schenke. Südosten der USA, nicht weit weg von Atlanta. Georgia, Baumwollfelder, *Vom Winde verweht*, klingelt da was bei Ihnen? Also weiter... Wir haben Kontakt zu General Boyle aufgenommen. Vom 11. bis 14. August werden alle Spieler und ihre Caddies sich für vier Tage in Atlanta aufhalten, anlässlich der *US Open*. Obwohl es sich um ein äußerst wichtiges Turnier handelt, haben wir den Segen von General Boyle sowie der PGA, alle für unsere Ermittlungen notwendigen Zeugen zu befragen. Der amerikanische Verbindungsbeamte, dem Sie dort unterstehen – anders kann man es nicht sagen – heißt Lieutenant McDermott."

„Ein Schotte?"

„Woher soll ich das wissen! Fragen Sie ihn doch selbst... Was viel wichtiger ist: Vergessen Sie niemals, dass das Opfer, auch wenn es in St Andrews gestorben ist, *amerikanische* Staatsbürgerin ist, und dass Sie *amerikanische* Bürger auf *amerikanischem* Boden befragen. Und das alles bei dem Risiko, dass die Presse über den Fall berichtet, immerhin ist Boyle eine bekannte Persönlichkeit, und vor allem Tyron Jr., der mutmaßliche Liebhaber des Opfers und ehemaliger Arbeitgeber ihres Ehemanns. Soll heißen: Wir hantieren mit rohen Eiern, Inspektor. Okay?“

„Das hatte ich schon verstanden, Kommissar.“

„Außerdem, wenn Sie vor Ort sind, erwarte ich täglich telefonisch auf dem Laufenden gehalten zu werden, und dabei kümmert mich die Zeitverschiebung einen feuchten Dreck! Bei Ihrer Rückkehr liefern Sie dann einen vollständigen Bericht. Aber das sollten Sie eigentlich können, immerhin kommen Sie ja frisch von der Polizeischule.“

„Kein Problem, Kommissar. Verstanden.“

„Bis hierher irgendwelche Fragen? Nein? Dann fasse ich Ihren Auftrag noch einmal in drei Punkten zusammen: 1) *Halten Sie sich an die Anweisungen*; 2) *Vorsicht*; 3) *Null Eigeninitiative*, und hören Sie sich diesen Teil Ihres Tonbands ruhig zwanzig Mal hintereinander an, wenn’s sein muss. Ist das klar?“

„Ganz und gar klar, Herr Kommissar.“

„Gut. Bis Sie alle Formalitäten für Ihre Abreise erledigt haben, fahren Sie nach Dundee und nehmen Sie Kontakt mit dem Ermittlerteam auf, das diese Arbeit begonnen hat. Vor allem, Sweeney, ganz wichtig: Seien Sie taktvoll im Umgang mit den Leuten aus Dundee. Sie können sich ja vorstellen, dass die nicht erfreut darüber sein werden, dass man ihnen den Fall ohne Vorwarnung entzogen hat. Die Kollegen sind vermutlich stinksauer, dabei dienen uns ihre ersten Feststellungen und Beobachtungen als Grundlage für unsere gesamte weitere Ermittlung. Behalten Sie das im Hinterkopf, Inspektor."

„Okay."

„Sehr gut. Wenn Sie irgendetwas brauchen sollten, kommen Sie zu mir. Ich vertraue Ihnen diese Akte an, das ist von jetzt an Ihr Fall… Ach ja, Sweeney… Ihr Dings da, auf meinem Schreibtisch…"

Der Inspektor beeilte sich, das Diktiergerät in seiner Hosentasche verschwinden zu lassen und klemmte sich die wertvolle gelbe Akte mit der Aufschrift *Amanda NELSON* unter den Arm. Schließlich wandte er sich um und lenkte seinen roten Vollbart in Richtung Ausgang. Immer noch voll Verblüffung über die unglaubliche Verantwortung, die sich gerade auf seine jungen Schultern herabgesenkt hatte, schloss er hinter sich die Tür zum Büro seines Vorgesetzten.

Sweeney konnte es kaum fassen. Mitten im engen Flur des Kommissariats blieb er stehen. Um sich definitiv von der Realität der Aufgabe zu überzeugen, die ihm gerade übertragen worden war, sah er, ohne auch nur ein Wort zu lesen, die Akten und Berichte durch, die sich ungeordnet in dem Pappordner stapelten.

Plötzlich drängte sich ein Gedanke, der ihn während des ganzen Gesprächs schon latent beschäftigt hatte, wieder an die Oberfläche seines Bewusstseins: *Ich hab's! Jetzt weiß ich, an wen mich Kommissar Wilkinson erinnert. Er ähnelt dem Schauspieler Mickey Rooney! In jünger, allerdings auch weniger lustig…* Nachdem er sich auf diese Weise seines guten Personengedächtnisses versichert hatte, kehrte Inspektor Sweeney leichten Herzens in sein Büro zurück.

VERLETZUNG DER ETIKETTE

Sieben Uhr. Über der Earn-Mündung ging die Sonne auf und erweckte Schottland aus seiner nächtlichen Starre. Ihre Strahlen glitten über die noch zerknitterten Laken der Nordsee und enthüllten deren opalblaue Kurven. Die nackten, gleichmütigen Wellen waren von seltener Schönheit... ein Anblick, an dem Sweeney sich nicht sattsehen konnte.

Der Ford Escort bewegte sich gen Süden, sein grüner bereits leicht ausgeblichener Lack blieb von dem morgendlichen Licht vollkommen ungerührt, lediglich der rote Bart des jungen Inspektors glühte im Schein der bereits wärmenden Sonnenstrahlen des heranbrechenden Tages. Der geblendete Sweeney beugte sich nach links und fingerte aus der Anonymität des Handschuhfachs eine Ray Ban Sonnenbrille hervor, deren Gestell bereits auseinanderzufallen drohte. Er warf einen Blick auf die Digitaluhr seines Armaturenbretts: „7 am“.

Perfekt, dachte er, *in nicht mal einer Viertelstunde bin ich in St Andrews.*

*

Sweeney hatte die letzte Nacht in Aberdeen bei Tante Midge verbracht. Da seine Reise in die Vereinigten Staaten kurz bevor stand, hatte er ihr Berthie, seinen reinrassigen Dackel anvertraut.

Bevor er seine Ein-Zimmer-Wohnung in Edinburgh verlassen hatte, hatte Sweeney vorsorglich seine Tante angerufen. Er hatte sie gebeten, sich für zwei Wochen seines von Ekzemen übersäten Rattenfängers anzunehmen, damit er unterdessen seinen ersten Fall lösen könnte. Dann hatte er hinzugefügt, dass sie ohnehin die einzige Person sei, der er seinen Berthie anvertrauen würde. Er war noch ein paar Stufen höher auf der Schmeichel-Skala heraufgeklettert und hatte gefragt, ob er zum Abendessen bleiben dürfe, oder ob sie ihn gar für die Nacht beherbergen könne, damit er von dort aus am nächsten Morgen nach Dundee aufbrechen könnte.

Als ob er nicht wüsste, dass Tante Midge ihm keinen Wunsch abschlagen konnte...

Als ob er nicht wüsste, dass sein altes Zimmer im oberen Stockwerk jederzeit auf ihn wartete... In Wirklichkeit war all dies Geplänkel ein subtiles Spielchen zwischen Sweeney und seiner Tante, ein Geheimcode, der lediglich dazu diente, ihre gemeinsame Vorfreude auf ihr Treffen zu steigern.

Denn Tante Midge hatte Sweeney großgezogen. Sie hatte den fünfjährigen Waisen in ihr Haus im Hafenviertel von Aberdeen aufgenommen, wo sie den Sohn ihres Bruders in dem einzigen, gelb tapezierten Schlafzimmer unterbrachte. Sie selbst hatte sich mit einem Bett begnügt, das sie eilig im Anbau hinter der Küche aufgestellt hatte.

Das aus roten Backsteinen gemauerte Häuschen war nicht groß. Es hatte ursprünglich Sweeneys Großvater gehört, der Hafenarbeiter gewesen war, und die alleinstehende Tante hatte es beim Tod des Patriarchen geerbt. Niemals hätte sie damit gerechnet, dass ihre Einsamkeit im Handumdrehen von der Ankunft eines kleinen Jungen vertrieben werden würde, den sie von da an wie ihren eigenen Sohn zu lieben gelernt hatte.

Tante Midge war stolz auf Archies Erfolg, um den sie Gott so sehr gebeten und später, bei seinem Bestehen der Aufnahmeprüfung in den Polizeidienst, inständig gedankt hatte. Doch jetzt vermisste sie ihren Neffen...

*

Sweeney verließ mit seinem Wagen die Brücke über die Tay-Mündung und erreichte Fife. Eineinhalb Stunden vorher, nachdem sie ihm ein üppiges Frühstück serviert hatte, hatte Tante Midge ihn auf die Wange geküsst und ihm dann wie immer aufgetragen, vorsichtig zu fahren. Sie wusste ganz genau, aus welchem Grund Archie so früh morgens das Haus verließ und alleine in die Nacht aufbrach.

Jedes Mal, wenn er Aberdeen verließ, wohin auch immer er unterwegs war, fuhr der junge Mann zunächst über die A93 in Richtung Westen. Seine Fahrt dauerte etwa 20 Minuten und führte ihn links am engen, sich windenden Lauf des Flusses Dee entlang. Bei Crathes Castle angekommen stellte er seinen verwaschen-grünen Ford auf einem so gut wie immer matschigen Parkplatz ab und marschierte zu Fuß durch die Heide, wobei sein Orientierungssinn ihn besser als jeder Kompass in Richtung Norden führte. Ohne auf den Verlauf der wenigen Wege zu achten und selbst bei völliger Dunkelheit hätte Sweeney sein Ziel gefunden, geleitet von der Gewissheit, dass er *es* wiedersehen würde.

Hinter einer letzten mit niedrigem Gras bewachsenen Bergkuppe tauchte *es* endlich auf, verlassen in der Senke eines Tals. Sweeney streckte sachte die Hand nach ihm aus, während er sich näherte. Dann berührte er *es*. Zwanzig Jahre stand das Granitkreuz bereits an diesem Ort, würdevoll und schmerzerfüllt.

Sweeney strich mit seinen Fingern darüber, streichelte es. Er schloss die Augen; die eingemeißelte Inschrift konnte er blind lesen, allein indem er sie leicht berührte:

In Erinnerung an Jack und Rosa SWEENEY
Am 21. November 1984 auf der Heide ermordet

In diesem Jahr war er fünf Jahre alt geworden. Verdammt! Und jedes Mal hielten seine zu schwachen Finger inne, wie um diese ewig fehlende Zeile in den Stein zu meißeln: Den Namen des Scheusals, der ihn für immer seiner Eltern beraubt hatte! Was nur konnten diese beiden Verliebten verbrochen haben, während sie hier zwischen Büscheln von Heidekraut spazieren gegangen waren, dass man ihnen mit zwei aus nächster Nähe abgefeuerten Gewehrschüssen die Köpfe weggesprengt hatte? Diese unbeantwortete Frage hatte letzten Endes dazu geführt, dass er Polizist geworden war.

Um sein eigenes Leiden zu verringern zog Sweeney es vor sich vorzustellen, dass der Spaziergang seiner Eltern niemals geendet hatte, dass sie vielleicht immer noch irgendwo hier in der Heide unterwegs waren, Hand in Hand... Nachdem er ein letztes Mal seine Handinnenfläche gegen den starren und stummen Stein gelegt hatte, machte Sweeney kehrt und begab sich zurück auf den Weg seiner eigenen Existenz ...

Diesen Morgen war er, nachdem er Crathes Castle verlassen hatte, in Richtung Meer auf die Straße nach Stonehaven abgebogen. Dann, auf der Schnellstraße angekommen, hatte er sich zeitweise von der beruhigenden Nähe der Wellen entfernen müssen, da ihn sein Weg gen Süden durchs Inland geführt hatte. Im verschlafenen Dundee angekommen entschied Sweeney, dass es noch zu früh sei, um zu seiner Verabredung zu fahren, die er drei Tage vorher mit seinen Kollegen Stirling und Moray getroffen hatte.

Statt also in der Zwischenzeit untätig an der nächstbesten Theke am Bahnhof oder am Hafen seine Zeit totzuschlagen, dachte er sich, dass es vernünftiger wäre, zunächst einmal einen Blick auf den Golfplatz von St Andrews zu werfen, dort, wo der sandige Leichnam von Amanda Nelson gefunden worden war. Immerhin war er nur noch etwa zehn Minuten davon entfernt.

Die aufgehende Sonne begleitete Sweeney auf seiner gesamten Fahrt an der Küste entlang. Schließlich erreichte er ein Schild, auf dem zwei gekreuzte Golfschläger vor der Brust eines Mönchs in Kutte abgebildet waren. Dahinter prangte die Aufschrift *St Andrews Links*. Die Pfeilspitze lud den Inspektor ein, nach links abzubiegen, danach ließ sich Sweeney einfach von der Meeresbrise leiten. Nach einigen Yards erreichten die unentschlossenen Reifen des Ford Escorts einen weitläufigen Parkplatz, wo Sweeney schließlich seinen Wagen im schützenden Schatten des Klubhauses abstellte.

Als er die Fahrertür zuschlug, fuhr ihm sofort die morgendliche Kühle in den Rücken. Der Inspektor spürte, wie sich sämtliche seiner Barthaare wie schockgefrostet aufstellten. Schnellen Schrittes beeilte er sich, in die Sonne zu gelangen, um sich von ihren ersten wohltuenden Strahlen wärmen zu lassen.

*

„Hey, Sie! Runter da!"

Überrascht wandte Sweeney den Kopf in Richtung der Gebäude und erblickte einen Mann, der wie der Teufel aus seiner Schachtel aus einem angrenzenden Schuppen herausgesprungen kam. Das Gesicht des Mannes war hager und wirkte spröde, wie man es nur bei den Bewohnern der Highlands sieht.

Der Angestellte gestikulierte heftig, so dass sich seine graue Cordmütze jeden Moment vom Gipfel seines Hauptes zu verabschieden drohte.

„Runter da, habe ich Ihnen gesagt! Sind Sie etwa taub?", brüllte er erneut und hielt dabei eine bedrohlich wirkende Heckenschere in die nach frisch gemähtem Rasen duftende Luft.

Angesichts der von Flüchen begleiteten Armbewegungen des Mannes, von dem er vermutete, dass es sich um einen Gärtner handelte, blieb Sweeney regungslos stehen. Plötzlich bewegte sich die graue Mütze auf ihn zu.

Der sehnig wirkende Mann schien ungefähr fünfzig Jahre alt zu sein. Er hielt seinen Blick auf einen Punkt über seinen Stiefeln gerichtet, als würde ihm dies helfen, schneller voranzukommen. Er grummelte vor sich hin: „Das gibt's doch nicht in letzter Zeit... Die mach'n mich noch verrückt. Müss'n wir jetzt bald Wachleute anstell'n, oder was?"

Als er an der helleren und glatter gemähten Rasenfläche angelangt war, in deren Mitte Sweeney stand, stoppte der wütende Mann abrupt.

„Was glauben Sie eigentlich, wo Sie sind?", bellte er. „Haben Sie die Schilder nicht gelesen?"

„Äh, ja.. Doch, das ist es ja. Ich wollte einfach sehen, wie ein Golfloch aussieht. Ich habe die Fahne da gesehen, und deshalb bin ich hergekommen, um einen Blick hineinzuwerfen. Ich hatte nicht gedacht, dass das verboten sein könnte", rechtfertigte sich der Inspektor beschämt.

Der grau Bemützte hob den Blick zum Himmel. „Damit ist mir noch keiner gekommen! Ein Loch sehen... So, aber jetzt runter vom Green. Falls Sie's noch nicht bemerkt haben, es is' grad' keine Besuchszeit!"

Beruhigt durch den humorvollen Unterton des Gärtners gab Sweeney nach und entfernte sich von dem kleinen Fähnchen mit der Nummer 18. Er bewegte seine Füße aus dem grünen Rasenkreis auf den Zerberus von St Andrews zu, wobei ihm ein Geruch nach Rasenmäherbenzin entgegen schlug, mit dem die Kleider des Mannes durchtränkt waren.

Obwohl der Eindringling seinen guten Willen gezeigt hatte, war die Wut des Highlanders nicht beschwichtigt: „So, und was mach'n Sie hier, um diese Zeit? Was ham' Sie hier zu suchen? Wenn Sie hier herumschnüffeln wollen oder Journalist sind – eigentlich das gleiche – dann warne ich Sie, ich ruf' die Polizei!"

„Brauchen Sie nicht, die ist schon da", entgegnete Sweeney.

Der junge Mann wühlte ungelenk in seinem Portemonnaie – immerhin war dies das erste Mal, dass er seine Karte zückte – und förderte schließlich seinen nagelneuen Dienstausweis daraus hervor: „Inspektor Sweeney. Kriminalpolizei. Ich komme wegen der jungen Frau, die vor zwei Wochen ermordet bei Ihnen aufgefunden wurde."

Plötzlich war es an der grauen Cordmütze, verlegen zu sein. „Ach so? Um diese Zeit? Da müss'n Sie doch Bescheid sagen, hör'n Sie mal. Kann ich doch nicht erraten. Ich dachte, das wär' erledigt. Ich hab' schon ausgesagt, als Ihre Kollegen da waren."

„Die Ermittlungen sind noch nicht abgeschlossen, Sir. Das ist nicht so einfach, wissen Sie. Könnten Sie mir bitte die Stelle zeigen, wo das Opfer gefunden wurde?"

„Öh... Normalerweise wäre das kein Problem, immerhin hab' ich sie ja gefunden, aber..."

„Ach, Sie sind der Gärtner, der sie gefunden hat? Ich habe..."

„Greenkeeper, Sir! Greenkeeper, nicht Gärtner. Das ist ganz und gar nicht dasselbe!"

„Oh, entschuldigen Sie! Ich kenne mich mit Golf überhaupt nicht aus. Hätten Sie zwei Minuten Zeit, um mir die Stelle zu zeigen?"

„Das Problem ist, dass zwei Minuten dafür nicht ausreichen, Sir. Das is' nich' um die Ecke. Und dann gibt's auch noch einiges zu tun, bevor wir öffnen. Hier wird nicht gefaulenzt… Naja. Bleiben Sie hier stehen. Ich geh' eben zu meinen Leuten rüber. Die sollen mit dem *Jubilee* anfangen, bis ich wieder da bin… Nicht weggehen, ja?"

Sweeney blickte dem schlaksigen Hünen nach, wie er in dem Schuppen verschwand.

Einige Augenblicke später tauchte der Mann wieder auf, am Steuer eines dieser lächerlichen elektrischen Autos, die Sweeney bislang nur aus Fernsehserien kannte.

„Steigen Sie auf, Sir? Ich hatte Ihnen doch gesagt, dass es nich' um die Ecke ist."

Leicht eingeschüchtert kletterte der Inspektor links neben dem Greenkeeper an Bord. Er stellte fest, dass die langen Beine seines Fahrers Mühe hatten, unter dem Steuer die Pedale zu bedienen. Dennoch startete der Motor ohne einen Laut und holperte über einen Weg, der sich in einem perfekt geordneten Dschungel aus zweifarbigem Rasen, kleinen roten Fahnen und unsichtbaren Löchern zu verlieren schien.

„Verzeihen Sie, dass ich eben gemotzt habe, Sir. Aber als ich Sie gesehen hab', wie Sie da auf dem Green der Nummer 18 vom *Old Course* 'rumspaziert sind, da dachte ich, ich werd' verrückt!"

„Der *Old Course*?"

„Das sagt Ihnen nichts? Nein, Sie machen Witze, oder? Das ist doch der älteste Golfplatz der Welt, Sir! Seit sechshundert Jahren wird hier Golf gespielt. Und hier sind sogar auch die Regeln erfunden worden, Sie können sich also vorstellen..."

„Nein, nicht wirklich."

„Dieser Golfplatz ist ein Denkmal des Golfsports, Sir. Das is' wie die Pyramiden in Ägypten oder der Tower von London... Jeder Golfer, der 'was auf sich hält, muss mindestens einmal im Leben hier gespielt haben. Das muss man geseh'n haben. Die Wartezeit beträgt mehrere Wochen, manchmal sogar mehrere Monate... Also, letztens, als ich die gefunden habe... Großer Gott! Ich hätt' niemals geglaubt, dass mir mal so was passieren könnte. Fünfunddreißig Jahre arbeite ich hier, und dann so was, kurz vor der Rente. Vor zwanzig Jahren hätte es so was noch nich' gegeben. Aber heutzutage haben die Leute ja vor nichts mehr Respekt..."

„Sagen Sie, Mister... Mister? "

„Logan, Harry Logan. Ich bin der oberste Greenkeeper."

„Mister Logan, der *Old Course*, sind das all diese Löcher hier zu unserer Linken?"

„Nein. Der *Old Course*, das sind nur die Löcher, die am Weg liegen. Insgesamt ham' wir hier sechs verschiedene Golfplätze: Der *Old Course*, der *New Course*, der *Jubilee*, der *Eden*, der *Strathyrum*, der *Balgove* und der *Castle Course*. Das ist eine Golffabrik hier. Jeden Tag ham' wir Hunderte von Spielern, und gute noch dazu. Vor zwei Wochen war es noch schlimmer."

„Wegen der *British Open*?"

„Nein, nicht direkt. Die *British Open* fanden in Royal Troon statt, an der Westküste, in der Nähe von Glasgow, von Donnerstag bis Sonntag. Aber an den Tagen vorher waren die meisten Profis bei uns. Will Tyron Jr, Robby Elster und die ganzen and'ren, die Creme de la Creme eben. War'n alle bei uns, um sich unter ähnlichen Bedingungen vorzubereiten wie bei der *British Open*. Irgendwann an diesen Tagen wurde die Amerikanerin ins Jenseits befördert, nich' wahr? Als die noch bei uns war'n? Das ham' mir jedenfalls Ihre Kollegen gesagt."

„Das stimmt. Vermutlich am Dienstagnachmittag, am Tag vor der *British Open*."

„Tja. Aber ich hab es schon Ihren Kollegen gesagt: Es hat solch ein Kommen und Gehen geherrscht, was hätt'n wir da bemerken sollen? Es is' sowieso schon ein unglaublicher Glücksfall, dass ich sie so schnell gefunden habe, die Amerikanerin. Die hätte da noch 'ne ganze Weile drin liegen können... So, hier ist es!" Harry Logan stoppte sein Fahrzeug am höchsten Punkt eines kleinen Erdwalls, wo er vor dem Schild, welches das *6th HOLE* ankündigte, eine Vollbremsung hinlegte.

„Da wär'n wir, Sir. Das sechste Loch, genannt *Heathery*, hier lag sie", verkündete der Greenkeeper und wies mit seinem Arm auf eine ununterbrochene Aneinanderreihung von Löchern und Hügeln in hell und dunkel schattierten Grüntönen.

„Verzeihen Sie, Mister Logan: In welcher Entfernung sind wir hier zum Ausgangspunkt, also zum Klubhaus?"

„Wir haben gut anderthalb Meilen zurückgelegt. Ich hatte Ihnen gesagt, dass es nich' um die Ecke is'."

„Und was befindet sich hier um uns herum?"

„Na, gucken Sie doch selbst: Rechts ist das Rough[1], mit der Waldfläche. Und ansonsten, da, am sechsten Loch des *Old Course*, da sind wir mitten drin in der Golfanlage von St Andrews. Da gibt's nur Golfplätze, rechts und links. Ein echtes Labyrinth."

„Hmm... Und Sie haben das Opfer in einem Sandloch gefunden, stimmt doch?"

„In einem Bunker, Sir, wir nennen ihn den *Nick's*. Sehen Sie ihn?"

Der Greenkeeper zeigte mit dem Finger auf einen Fleck, den Sweeney trotz aller Anstrengungen nicht ausmachen konnte.

„Können wir da zu Fuß hingehen, Mister Logan? Das ist doch diesmal nicht allzu weit weg?"

„Tja, das können wir. Das sind... Ja, vielleicht hundertfünfzig Yards... Gehen wir?"

„Wir gehen", antwortete Sweeney, und die beiden Männer überquerten den Fairway. Dank der gekrümmten Bäume zu ihrer Rechten waren sie geschützt vor der Meeresbrise, die immer stärker wehte.

„Dies ist einer der wenigen Orte in St Andrews, wo es etwas windgeschützt ist. Bei uns ist der größte Feind des Spielers der Seitenwind, von rechts. Es kann passieren dass, selbst wenn Sie einen guten Schlag machen, ein Windstoß Ihren Ball aus der Spielbahn weht... einfach so, pffft!", wobei Harry Logan eine ausladende Ohrfeige mimte, die über die gesamte Umgebung hinwegfegte.

„Mister Logan, Sie hatten mir gesagt, dass das Opfer noch viel länger unentdeckt dort hätte liegen können?"

---

[1] Rough = Die Gebiete der Golfanlage, die sich zwischen den einzelnen Bahnen befinden.

„Aber ja. Ein echter Glücksfall, wenn man das so sagen kann. In der Nacht von Sonntag auf Montag, vor dem Tag an dem ich sie gefunden habe, hatte es ein Gewitter gegeben, wie es im Jahr kein zweites gibt. Sind Sie aus der Gegend, Sir?"

„Ja, aus Aberdeen. Ich kann mir gut vorstellen, was da heruntergekommen ist."

„Der *Nick's*, der Bunker, liegt in einer Senke... Schauen Sie, wir kommen näher... Dort stand das Wasser, wir müssten übrigens eigentlich überall drum herum Drainagen verlegen... Wie auch immer, ich bin hin, um den Schaden zu begutachten. Der Bunker hatte sich in einen Ententeich verwandelt... Unbespielbar! Ich hab' das Wasser an den Seiten abgelassen, und als ich dann die Sandfläche wieder in Ordnung bringen wollte... Schauen Sie, hier ist es... Da hab' ich diese Schaufel da genommen, und..."

„Äh... Sagen Sie, Mister Logan, die Schaufel und die Harke, die sind immer noch da? Neben dem Loch?"

„Aber sicher! Die Bunker sind tief bei uns. Und es kommt nicht selten vor, dass die Spieler ihre Bälle dort hineinbugsieren, selbst die Besten. Dafür sind sie ja da, die Hindernisse... Also, die Regel verlangt, dass, wenn man den Ball in den Bunker hineingespielt hat, man die Sandfläche wieder in einen ordentlichen Zustand versetzt; zumindest, dass man harkt, damit die nachfolgenden Spieler... Das ist nun einmal der Geist des Spiels, das gebietet die Etikette."

„Dann lagen also an dem Tag, als die Amerikanerin umgebracht wurde, diese Schaufel und diese Harke hier?"

„Aber ja, natürlich. Es ist sogar sicher, dass der Typ, der sie hier begraben hat, sie benutzt hat."

„Hmm... Sie sagten auch, dass Sie den Bunker reparieren wollten, Mister Logan?"

„Die Wassermassen haben das Loch unten ausgehöhlt, verstehen Sie? Also hab' ich die Schaufel genommen, den Sand zurück in den Bunker geschaufelt, der bis aufs Gras oben 'raufgeschwemmt worden war und hab' dann angefangen zu harken, um alles ordentlich zu verteilen."

„Und dann?"

„Der Schock meines Lebens! Plötzlich haben sich die Zinken der Harke an etwas verhakt. Ich dachte, das wär' ein verlorener Ball, der dort seit geraumer Zeit im Sand steckte. Denn mit dem Regen war ziemlich viel Sand abgetragen worden, so dass der Bunker tiefer geworden ist und eine alte Sandschicht an die Oberfläche gekommen war. Verstehen Sie?"

„Ja, ich verstehe."

„Also hab' ich mich runtergebeugt, um den Ball herauszuholen... Und da, ich schwör' Ihnen, großer Gott! Ich bin mit einem Satz aus dem Loch 'rausgesprungen, als würden sich Hölle und Fegefeuer unter meinen Füßen auftun! Da waren zwei Finger, die 'rausguckten, ganz weiß, an dieser Stelle da... Im ersten Moment hab' ich's gar nicht richtig geglaubt, ich dachte, das wär' ein Streich der Kollegen, keine echte Hand... Ich hab gebuddelt, um nachzusehen... Die Hand, das Handgelenk, der ganze Rest... In so einem Moment denkt man nich' nach."

„Nein, im Gegenteil, das ist doch ganz natürlich. Ich glaube, ich hätte es genauso gemacht. Und dann?"

„Dann... Tja, ich hab‘ schnell gesehen, dass ich nicht mehr viel ausrichten konnte.“

„Können Sie sich an Ihren ersten Eindruck erinnern? Das ist wichtig.“

„Na, Sie stellen vielleicht komische Fragen... Das Mädchen war kein schöner Anblick, wissen Sie. Die Arme, ihre Haut war bereits angefressen, sie war voller Sand, ganz aufgedunsen... Und vor allem... ihr armer Kopf...“

„Ja?“

„So etwas hatte ich noch nie gesehen, können Sie sich ja vorstellen. Beim Graben habe ich schnell gemerkt, dass ein Teil ihres Schädels fehlte. Da hab‘ ich aufgehört. Ich hab‘ sie schnell wieder zugedeckt und mit meinem Handy im Klubhaus angerufen, damit sie die Rettungskräfte verständigen. Und dann hab‘ ich hier gewartet, bis sie gekommen sind... Das ist alles.“

„Aber das ist doch schon viel, Mister Logan. Und wie geht’s Ihnen seitdem? Hat Ihr Fund Sie nicht ziemlich aufgewühlt?“

„Das stimmt, das ist nicht leicht zu verdauen. Das war ein ganz schöner Schock.“

„Natürlich, man findet ja nicht alle Tage ein Mordopfer.“

„Oh nein, es ist nicht so sehr der Mord, Sir. Das wäre ja noch zu ertragen. Aber dass jemand so etwas bei uns macht, und dann auch noch auf dem *Old Course*! Eine tote Frau in einem Bunker des *Old Course*! Also so etwas, nein! Das ist kein Mord, Sir, das ist... wie soll ich das sagen... Das ist schlimmer: Eine echte Verletzung der Etikette! Glauben Sie mir, Sir, niemals würde ein Golfer, der dieser

Bezeichnung würdig ist, einen solchen Frevel begehen!"

„Hmm... Vielen Dank auf jeden Fall, Mister Logan. Dank Ihnen habe ich einiges gelernt. Können wir jetzt zurückfahren? Ich möchte Ihre Freundlichkeit nicht über Gebühr strapazieren."

*

„Die Inspektoren Stirling und Moray?", fragte der Rotbart und schickte ein verlegenes Lächeln durch die einen Spalt breit geöffnete Tür.

„Ja, was wollen Sie von denen?", antwortete der breitere und ältere der beiden, der sich hinter dem Schreibtisch gegenüber der Tür postiert hatte.

„Inspektor Sweeney aus Edinburgh. Ich hatte um halb zehn einen Termin und..."

„Doch schon? Sagen Sie mal, wir hatten fast angefangen, uns Sorgen zu machen!"

„Ja, ich weiß. Ich hatte befürchtet, Sie wären bereits zum Mittagessen gegangen."

„Ah, was das angeht, wir waren gerade im Aufbruch... Aber, wo waren Sie denn abgeblieben, mein Alter? Haben Sie mal auf die Uhr geguckt? Haben Sie sich verfahren, als Sie den Fife überquert haben, oder waren Sie noch shoppen?" Der Alte zwinkerte seinem Kollegen verschmitzt zu.

„Ehrlich gesagt, nein. Ich war sogar zu früh in Dundee", setzte Sweeney zu einer Erklärung an. „Daher bin ich lieber erst einmal nach St Andrews gefahren."

„Was?!" Der Jüngere verschluckte sich fast, und seine süffisante Mine fiel mit einem Schlag von ihm ab. „Bloß keine Langeweile aufkommen lassen! Was hatten Sie da zu suchen? Das Mindeste wäre ja wohl gewesen..."

„Allein schon aus Höflichkeit, möchte ich meinen", legte der Alte noch eine Schippe drauf.

„Ja, da hast du recht, das Mindeste wäre ja wohl gewesen, dass wir uns erst einmal treffen, nicht wahr? Aber Sie aus Edinburgh glauben ja, Sie können sich alles erlauben!"

„Ich träume wohl..."

„Da nimmt man uns zuerst von heute auf morgen den Fall weg, als wären wir hier in Dundee unfähig..."

Stirlings und Morays Wut – oder Morays und Stirlings, das konnte Sweeney noch nicht genau sagen – steigerte sich zu bedrohlichen Ausmaßen. Er war weit entfernt von dem taktvollen Umgang, zu dem ihm Kommissar Wilkinson geraten hatte. Sweeney war sich bewusst, dass er schnellstmöglich gegensteuern musste: „Wissen Sie, ich persönlich habe mich nicht darum gerissen, diesen Fall zu übernehmen. Wenn ich etwas mitzureden hätte... Und was heute Morgen angeht, ich wollte es besonders gut machen, das ist alles. Wissen Sie, mir steht das Wasser bis zum Hals. In drei Tagen bin ich in den USA, um die Hauptzeugen in diesem Fall zu befragen, und die Zeit vergeht schnell. Ich kann mir keine Fehler erlauben, verstehen Sie... Ich bitte Sie, meinen Übereifer zu entschuldigen."

Die beiden Inspektoren schienen sich von dem direkten und aufrichtigen Tonfall dieses Jünglings, dessen Gesicht von einem erstaunlichen roten Bart umrahmt war, überzeugen zu lassen.

„Sie müssen uns auch verstehen“, entgegnete der ältere der beiden: Moray! Sweeney hatte endlich die Namensplakette auf seinem Schreibtisch entdeckt.

„Wir hatten kaum mit der Arbeit begonnen, da schiebt man uns kurzerhand aufs Abstellgleis. Als wären Sie in Edinburgh besser qualifiziert als wir Trottel aus Dundee!“

„Ich habe den Eindruck“, unterbrach ihn Sweeney, „dass die von ganz oben den Bammel gekriegt haben. Wegen der Bekanntheit des Opfers. Ich glaube, solange sie den Fall direkt unter sich haben, hoffen die Bosse in der Hauptstadt, dass sie die Ermittlungen an der ‚kurzen Leine‘ halten können.“

„Wahrscheinlich hat er recht“, bestätigte Stirling.

Uff, das Eis ist gebrochen, beglückwünschte sich Sweeney.

„Einen Becher frischen Kaffee?“, bot Moray an. Mit einem Kopfnicken nahm Sweeney das Angebot an.

„Setz dich... Wir duzen uns doch unter Kollegen? Wie war nochmal dein Name?

„Sweeney.“

„Arbeitest du ganz alleine an der Sache?“

„Ja. Jetzt im Sommer fehlt es an Personal, ich habe den Fall aber auch nur übergangsweise bis Ende August. Danach übernehmen zwei neue Kollegen aus der Abteilung.“

Moray verdrehte die Augen in Richtung Decke, voll Verdruss über die augenscheinliche Knappheit der Mittel bei der schottischen Polizei.

„Naja, ist nicht schlimm. Wir haben dir hier einen Ordner mit allen notwendigen Photokopien zusammengestellt. Wir erklären dir mal, was wir in der Zeit, die wir zur Verfügung hatten, bevor wir

ausgebootet wurden, an Informationen zusammengetragen haben."
„Diktiergerät, darf ich?", unterbrach Sweeney ihn und zeigte auf einen merkwürdigen japanischen Kasten.
„Äh... Ja, wenn du willst."
„Da komme ich mir ja vor, als würde ich selber verhört", protestierte Moray, halb amüsiert, halb verärgert.
„Ich arbeite immer damit. Ich finde, es ist wichtig, sich bei einem Gespräch nicht nur auf seinen Eindruck zu verlassen, oder auf seine Erinnerungen, die ja gezwungenermaßen unpräzise sind. Ich habe das Gefühl, dass dies das einzige Mittel ist, um wirklich objektiv und genau zu arbeiten.
„Okay, lass mal gut sein. Du kannst dein Ding da mitlaufen lassen, wenn's hilft... Also, St Andrews, was hast du da gemacht?"
„Ich hatte Glück. Ich bin auf Harry Logan, den Greenkeeper getroffen."
„Ja, sehr gut. Den habe ich befragt", stellte Stirling fest.
„Er hat mich zum Loch Nummer 6 begleitet. So konnte ich mir einen Eindruck von dem Ort machen, wo Amanda Nelson getötet wurde."
„Du hast tatsächlich keine Zeit verloren", bemerkte Moray bewundernd.
„Naja, ich habe mich dem vorgegebenen Tempo angepasst, kann man sagen. Allerdings, was Logan mir nicht sagen konnte, und was auch nicht in der Akte stand, die ich in Edinburgh erhalten habe: Handelt es sich um ein Sexualverbrechen?"
„Nein, Sir. Du guckst dir das am besten mit dem Gerichtsmediziner an, und wir besprechen das

hinterher, aber es sieht nicht danach aus. Das Opfer war bekleidet, mit Golfkleidung. Sie wurde nicht angerührt. Im Moment deutet also nichts in diese Richtung."

„Ich nehme an, dass überprüft wurde, ob in der Gegend kein Verrückter herumlief, der zur fraglichen Zeit gemeldet wurde?"

„Selbstverständlich. In diese Richtung gibt es ebenfalls keinerlei Hinweise. Das letzte Mal, dass in unserem Sektor einer Frau der Schädel eingeschlagen wurde, das war vor fünfzehn Jahren. Ein eifersüchtiger Ehemann, der seiner Angebeteten einen Hammer in den Nacken gepfeffert hatte. Und unser Handwerker ist untergetaucht... Weißt du, hier bei uns, da hätte man eher zum Revolver oder zum Gewehr gegriffen: Wir sind zivilisierte Leute in Dundee!", scherzte Stirling.

Moray fügte hinzu: „Das bedeutet, wenn wir es mit einem verrückten Serienkiller zu tun haben, dann hätte Amanda Nelson das Pech gehabt, die Nummer eins auf seiner Liste zu sein. Und seine Mordserie mitten auf dem Golfplatz von St Andrews zu beginnen, am helllichten Tag, das ist doch... Ich weiß, nichts ist unmöglich, aber es ist nicht sehr wahrscheinlich."

„Hmm... Gibt es Fingerabdrücke? Auf der Harke oder der Schaufel?"

„Nichts. Oder vielmehr viel zu viele... Du kannst es dir vorstellen: Jeder zweite Spieler musste sich in den sechs Tagen, in welchen die Leiche dort lag, der Schaufel oder der Harke bedienen. Nicht verwertbar."

„Die einzigen brauchbaren Elemente, über die wir verfügen, befinden sich in dem Ordner, den wir dir geben. Selbstverständlich weißt du bereits, dass wir nicht mit vielen Leuten reden konnten."

„Ich habe davon gehört. Aus diesem Grund ist es mir vergönnt, Georgia und Augusta zu entdecken. Das Pech der Einen..."

„Übrigens", unterbrach ihn Moray. „Ich weiß nicht, wie lange du vor Ort sein wirst..."

„Fünf Tage."

„... aber du wirst ganz schön Arbeit haben. Schau her, hier hast du die Liste der Personen, die wir befragt haben. Zunächst die Mitarbeiter des Golfplatzes: Nichts gesehen, nichts bemerkt. Es ist zwar eine hübsche Blondine aufgefallen, die Ende des Nachmittags eine Runde gespielt hat, aber sie stand nicht auf den Plänen des St Andrews Klubhauses. Wir haben es überprüft: Für diesen Tag war keine Amanda Nelson eingeplant. Sie muss eine andere Person begleitet haben. Wen, ist nicht bekannt. Da die Profis, die auf dem Gelände trainierten, nach Lust und Laune alle sechs Plätze bespielen durften, verstehst du sicher das Problem... Und nun ist es an Dir, das herauszufinden."

„Wir haben dir trotzdem eine Liste der Namen aller Spieler hinzugefügt, die an diesem Nachmittag in St Andrews waren, außerdem die Namen ihrer Caddies. Du wirst selbst sehen, dass es sich fast ausschließlich um Berufsgolfer der *PGA Tour* handelt, Teilnehmer der *British Open*, die am darauffolgenden Donnerstag begonnen hat."

„Was das Hotelpersonal betrifft: Ein totales Fiasko. Amanda Nelson war zwar am Vortag in einem Hotel abgestiegen, allerdings in London! Sie war gerade erst aus Florida eingetroffen."

„Alleine?"

„Alleine. Ihr Mann hingegen befand sich bereits seit drei Tagen in Schottland, zusammen mit seinem Spieler, Robby Elster. Sie hatte außerdem weder ein Zimmer in St Andrews, noch woanders in der Region reserviert. Sie hat einfach nur ein Auto für die Woche gemietet, am Flughafen von Heathrow: Das Fahrzeug wurde auf dem Parkplatz des Golfplatzes gefunden. Amanda Nelson hat die Fahrt von London nach St Andrews am Tag ihres Todes zurückgelegt."

„Du wirst es in den Unterlagen lesen", ergänzte Stirling, „ich habe dir auch eine Aufstellung aller Gegenstände beigefügt, die wir bei der Toten und im Kofferraum ihres Wagens gefunden haben."

Aufmerksam überflog Sweeney das zwei Seiten umfassende Dokument.

„Ist es dir aufgefallen?", fragte ihn Moray nach einigen Minuten.

„Hmm, ja, ich glaube... Genau: Was mich interessieren würde, das wäre vor allem die persönliche Meinung von Ihnen beiden zu diesem Mord. Selbst wenn man Ihnen nicht wirklich die Zeit gelassen hat, darüber zu meditieren."

Moray zögerte.

„Kannst du dein Gerät abstellen?"

„Ich verspreche Ihnen, das ist einzig und allein für mich. Ich lösche das Band immer sofort, wenn ich es nicht mehr brauche."

„Mach es trotzdem aus", verlangte er.

Sweeney gab nach und versenkte sein technisches Spielzeug in den Tiefen seiner Hosentasche.

Da ergriff Stirling das Wort: „Um dir die Wahrheit zu sagen, es gibt da drei Dinge, die uns... interessant vorkommen, das ist das Mindeste, was man sagen kann. Da wäre *erstens* die Tatsache, dass ihr Ehemann, Buddy Nelson, sich absolut keine Sorgen gemacht hat, dass er seit einer guten Woche nichts von seiner Frau gehört hatte. Und man weiß nicht einmal mit Sicherheit, dass Mrs. Nelson an diesem Dienstag überhaupt zu ihrem Mann wollte. Es war der Vater, ein gewisser General Arthur Boyle, Chef der PGA, der als erster reagiert hat. Erstaunlich, nicht? Wenn du in Augusta bist, denke ich, dass der ‚untröstliche' Gatte dir wenigstens einige Erklärungen liefern sollte."

„Übrigens", fragte Moray, „weißt du Bescheid über das Verhältnis zwischen Amanda Nelson und dem anderen Spieler, Will Tyron Jr.?... Ach ja... Den solltest du dir auch vornehmen, wenn du in Augusta bist. Der war zu dem Zeitpunkt auch in St Andrews."

„Und der Vater des Opfers, der General, war der in Schottland?", fragte Sweeney.

„Ja, aber in Royal Troon. Er bastelte an der Organisation der *British Open* am Firth of Clyde, auf der anderen Seite des Landes. Er hatte seine Tochter seit Monaten nicht gesehen. Er wusste noch nicht einmal, dass sie hergeflogen war. Erst als er zurück in Palm Beach war und im Radio die Nachrichten gehört hat, hat er... Ach, das wusstest du schon?"

„*Zweitens*, da wirst du mir zustimmen, nachdem du vorhin dort warst: Es ist mit Sicherheit kein Kinderspiel, eine Leiche mitten auf dem meistbesuchten Golfplatz der Welt zu vergraben. Noch dazu, wo an dem Dienstagnachmittag, an dem sie umgebracht wurde, Hochbetrieb herrschte – mit den ganzen Profis, die dort überall trainiert haben... Wirklich erstaunlich."

„Und schließlich *drittens*", fuhr Moray fort. „Du wirst es beim Überfliegen der Liste, die ich dir gezeigt habe gemerkt haben, Amanda Nelsons Tasche mit den Golfschlägern ist verschwunden. Keine Spur. Wir haben vor Ort nichts gefunden. Gleiches gilt für Ihre Autoschlüssel, ihren Ausweis, ihr Mobiltelefon und ihre Kreditkarte, allerdings ist seit ihrem Tod nichts abgehoben worden. Es sieht so aus, als habe man lediglich die Identifizierung der Leiche verzögern wollen. Und dann, falls du ein gutes Gedächtnis hast: Was hat man im Auto gefunden, Inspektor Sweeney?"

„Äh, warten Sie... Ihre Handtasche, aber ohne jegliche Papiere. Der Mörder hat also die Autoschlüssel an sich genommen, um sie aus ihrer Handtasche zu entfernen, allerdings im Wagen, da sie wohl kaum beim Golfspielen ihren Personalausweis dabei hatte."

„Nicht schlecht. Und dann?"

„Ihr Koffer. Kann ich den Zettel nochmal sehen? Ja, das ist es: Kein Schlafanzug, keine Toilettenartikel. Ungewöhnlich für eine junge Frau, vor allem die Toilettenartikel... Das würde bedeuten..."

„Zieh keine voreiligen Schlüsse. Das kann verschiedene Gründe haben. Überleg noch einmal, bevor du dich an einer Hypothese festbeißt, die sich hinterher als falsch herausstellen könnte."

„Hey, Stirling!", lächelte Moray. „Letzten Endes sind die Grünschnäbel in Edinburgh doch nicht so schlecht ausgebildet... So, wollen wir jetzt Mittag essen? Gegenüber, bei Jones, da servieren sie dir einen Haggis mit..."

„Eine Minute noch, der Rechtsmediziner!", rief Sweeney. „Den würde ich gerne noch treffen, während ich hier bin. Ich nehme an, die Autopsie wurde in Dundee vorgenommen?"

„Du hast recht. Doktor McInchree... Einen Moment, ich notiere dir seine Nummer und wo du ihn finden kannst..." Inspektor Stirling kritzelte einige Zeilen auf ein Stück Papier.

„Danke. Kann ich ihn von hier aus anrufen?", fragte Sweeney und deutete auf das Telefon auf der Ecke des Schreibtischs.

Moray sah ihn durchdringend an: „Eins ist klar, leicht hat man es nicht mit dir..."

„Ich beeile mich, versprochen! Und was den Haggis angeht, da bin ich dabei", entgegnete der Rotbart und griff zum Hörer.

*

„Spielen Sie Golf, Inspektor?"

Doktor McInchrees Frage ließ Sweeney zusammenzucken. Ihr Echo, das von den weißen Wänden des Obduktionssaals mit diesen metallenen Tischen widerhallte, über welchen normalerweise Leichengestank waberte, kam ihm surrealistisch vor. Außerdem hatte Sweeney auch das unangenehme Gefühl, diese Frage schon einmal irgendwo gehört zu haben...

„Ich für meinen Teil habe ein Handicap von zehn", beglückwünschte sich der unkonventionelle Forensiker, noch bevor der Inspektor Zeit hatte, seine Frage zu beantworten. Der Rechtsmediziner fühlte sich scheinbar so geschmeichelt von der Tatsache, dass ein Ermittler sich derart für seine Arbeit interessierte und dafür sogar zu ihm in seine

Höhle hinunterstieg, dass es ihm nicht gelang, seinen Redeschwall zu stoppen.

„Sind Sie zum ersten Mal in einem Obduktionssaal, Inspektor? Nun ja, so ohne Leichen kann man es sich nur schwer vorstellen, aber…"

„Nein, nein, Doktor. Einmal, während meiner Ausbildung an der Polizeischule hatten wir in Edinburgh einen Kurs mit einer echten Leiche. Eine Überdosis vom Vortag. Beim Öffnen des Thorax ist mir mein Frühstück wieder hochgekommen, Rollmops… Aber um auf unsere Golfspielerin zurückzukommen…"

„Die hat hier gelegen, auf dem Tisch da vor Ihnen. Was für ein Jammer! Wenn man mir vorher gesagt hätte, dass ich eines Tages Amanda Boyle obduzieren muss…" Mit einem heiseren, fast stummen Pfeifen wich dem Mediziner einen Seufzer der Enttäuschung über die Lippen, deren Hasenscharte Sweeney vorher noch nicht bemerkt hatte.

Ihm wäre zuzutrauen, dass er sich die Lippe und den Gaumen durch einen Stich mit dem Skalpell selbst gespalten hat, erschauerte Sweeney.

„Sie nennen sie Boyle, und nicht Nelson?", hakte er nach.

„Ach ja, Entschuldigung. Das liegt daran, dass sie unter ihrem Mädchennamen spielte."

„Was meinen Sie damit?"

„Bevor sie geheiratet hat, war sie Profi-Golfspielerin auf der European Tour. Oh, ich glaube nicht, dass sie jemals ein großes Turnier gewonnen hat, aber ich meine, dass sie irgendwann Zweite oder Dritte in einem *Masters* in Evian und ein anderes Mal Vierte auf Teneriffa geworden ist. Sie spielte Golf auf hohem Niveau... Ich glaube, sie hat ihre Karriere beendet, als sie vor drei oder vier Jahren Buddy Nelson geheiratet hat."

„Das wusste ich nicht."

„Davon abgesehen, wissen Sie über den Rest Bescheid? Ich meine, über sie und Will Tyron Jr.?"

„Vor ein paar Tagen hätte mir das noch überhaupt nichts gesagt. Aber jetzt muss ich Ihnen gestehen, dass nicht eine Stunde vergeht, ohne dass ich daran denke... Doktor, was hat es mit diesem Verhältnis auf sich? War das etwas Ernstes? Haben Sie in der Zeitung etwas darüber gelesen?"

„Selbstverständlich, Inspektor. Das hat die ganze Golfszene durcheinandergebracht."

„Da übertreiben Sie aber ein bisschen, Doktor, nicht wahr?"

„Ganz und gar nicht. Lassen Sie mich erklären: Letztes Jahr ist in der Klatschpresse eine Reihe von Fotos erschienen, auf denen die junge, schöne Amanda zu sehen war, wie sie ihren prominenten Liebhaber Will Tyron Jr. auf den Mund küsste, tja, was will man machen. Das war kurz vor dem *Ryder Cup*."

Plötzlich unterbrach sich Doktor McInchree mit bitterer Mine, bevor er weiter sprach: „Unter uns, hätte der Playboy sie in dem gleichen Zustand gesehen wie ich vor zwei Wochen, dann hätte er es sich doppelt überlegt, mit ihr Zärtlichkeiten auszutauschen. Das war kein sehr schöner Anblick... Nun ja!", fuhr der Rechtsmediziner fort. „Also, die Fotos. Ein Skandal in der Golfszene. Und zwar nicht nur, weil Tyron Jr. verheiratet war – sie heißt Samantha, genau wie meine Frau – aber auch, weil Amanda die Frau seines eigenen Caddies war. Das war für einen Champion, der im Schein der Medien steht, absolut unerträglich. Dazu kommt, dass Tyron Jr. sicher der reichste Sportler unseres Planeten ist, sogar noch reicher als die Rennfahrer der Formel Eins, die Basketballer der NBA oder die berühmtesten Baseball-Spieler. Wenn er die Verträge mit seinen Sponsoren behalten wollte, blieb ihm keine andere Wahl... Also hat er sich in der Zwischensaison von Buddy Nelson getrennt. Tyron Jr. hat einen neuen Caddie eingestellt, einen jungen, und Nelson ist zurück zu Robby Elster gegangen."

„Ich verstehe immer noch nicht, inwiefern das die internationale Golfwelt durcheinander bringen kann."

„Doch, Inspektor, ich komme jetzt dazu. Man merkt, dass Sie sich nicht für den Golfsport interessieren, wirklich... Tyron Jr. war weltweit die Nummer eins, und Robby Elster die Nummer zwei."

„Ja, und?"

„Elster hat von Buddy Nelsons Entlassung profitiert, um ihn sofort bei sich einzustellen – in der Hoffnung, ein paar kleine Tricks von Tyron Jr. zu erfahren und ihn so in der Rangliste zu überholen. Es ist nämlich so, dass sich die beiden schon seit mehreren Saisons einen heftigen Konkurrenzkampf lieferten. Elster war der einzige, der an Tyron Jr. herankam, ihn ein wenig kitzeln konnte. Manchmal schaffte er es sogar, ihm wirklich gefährlich zu werden. In den letzten Jahren ist es bei einigen großen Turnieren vorgekommen, dass der Sieg nur von einem einzigen Schlag abhing – ob der Putt am 18. Loch eingelocht wurde oder nicht. Faszinierend! Bei internationalen Turnieren waren alle Augen auf die Rivalität der beiden Spieler gerichtet. Und trotzdem – und das ist das Unglaublichste daran – hat am Ende immer Tyron Jr. gewonnen! Stellen Sie sich vor: Elster ist es nicht ein einziges Mal gelungen, in einem Turnier zu siegen, in dem Tyron Junior mitgespielt hat. Nicht ein einziger großer Titel, immer nur Zweiter! Äußerst ärgerlich...“

„Dann gehe ich mal davon aus, dass jetzt Elster der Bessere ist? Sie haben die Rollen getauscht, ist es so?“

„Wo denken Sie hin! Genau das ist ja das Schlimme. Seitdem sein Caddie nicht mehr da ist, wirkt Tyron Jr. irgendwie verunsichert. Er hat in dieser Saison nicht ein einziges Turnier gewonnen. Schlimmer noch, er hat meist sogar Schwierigkeiten, sich unter den zwanzig Ersten zu platzieren... Man sollte meinen, die ideale Situation für Elster. Aber weit gefehlt! Er hat plötzlich auch angefangen, schlechter zu spielen, als hätte er ohne die Konkurrenz zu seinem Erzrivalen die Orientierung verloren. Im Grunde war Tyron Jr. seine Motivation. Er war ein wenig wie sein Himalaya, eine Art unerreichbarer Mount Everest. Man hat den Eindruck, dass es Elster nicht mehr gelingt, Höchstleistungen zu bringen, seit dieser Berg von seinem Horizont verschwunden ist... Wissen Sie, Inspektor, man kann sich kaum vorstellen, was für ein komplizierter Sport Golf doch ist. Oft hängen die größten Erfolge oder die schlimmsten Misserfolge von kleinsten Details im Spiel oder kleinen Schwankungen im Selbstvertrauen der Spieler ab. Ein Sandkörnchen in der bestgeölten Maschine, und schwupp! Ihr Swing oder Ihre Konzentration sind dahin. Auf diesem hohen Niveau rächt sich jede Unsicherheit sofort."

„Sie haben mir eine Menge beigebracht, Doktor!"

„Warten Sie, das war noch nicht alles. Wenn es nur das wäre… Auf diese Weise sind dieses Jahr die Ergebnisse vollkommen irrsinnig geworden. Zum Beispiel hat zu Beginn der Saison ein Spanier namens Torres, Platz 25 der Weltrangliste, sein erstes großes Turnier gewonnen. Und bei den letzten *British Open*, haben Sie davon gehört?"

„Äh… Nein. Keine Ahnung."

„Reinhard Zwicker, Deutschland! Platz 48 auf der PGA-Rangliste! Das ist Wahnsinn, sage ich Ihnen. Und die Konsequenz folgte auf dem Fuße: Normalerweise wird der letzte Tag der *British Open* von den öffentlich-rechtlichen Sendern live übertragen. Tja, und dieses Mal wurde er zeitversetzt um 23 Uhr 30 gezeigt. Die *British Open* um 23 Uhr 30! Das ist noch nie dagewesen… Allerdings muss man es auch verstehen. Wie soll man von den Sponsoren verlangen, mehrere Millionen Pfund für Werbezeit auszugeben, wo ihre Marke letzten Endes mit einem „Reinhard Zwicker, Deutschland" in Verbindung gebracht wird? Ein Typ, den drei Wochen vorher noch keiner kannte, und der vermutlich im Laufe seiner gesamten Karriere nie wieder ein einziges Turnier gewinnen wird… Nein, es läuft schlecht in dieser Saison, das ist ganz klar. Und wenn man einmal drüber nachdenkt, ob man es nun will oder nicht, dann liegt der Ursprung des ganzen Schlamassels in den Bettgeschichten dieser Dame, die ich hier obduziert habe, mit Tyron Jr.… das ist doch verrückt!"

„Glücklicherweise sind Sie ein Spezialist, Doktor. Ehrlich gesagt hatte ich mir diese Art von Informationen von meinem Besuch bei Ihnen gar nicht versprochen. Aber ich werde mich daran erinnern, wenn ich in drei Tagen zur Befragung der betreffenden Personen fahre."

„Sie werden sie befragen? Wo das?"

„Ich fahre nach Georgia, Augusta, um..."

„Zu den *US Open*? Das gibt's ja nicht!" In McInchree's Augen leuchtete eine kindliche Begeisterung auf. „Inspektor... wenn Sie ihn persönlich treffen... ich weiß nicht, ob... aber... könnten Sie Will Tyron Jr. um ein Autogramm bitten? Bitte? Und Elster auch? Und auch, wenn Sie ihn treffen..."

„Hey, Doktor, wie sähe das denn aus? Ich kann sie doch schlecht um ein Autogramm..."

„Oh, Verzeihung! Sie haben Recht. Aber ich bin so begeistert von diesem Sport... Naja, falls sich die Gelegenheit ergibt... Ach, wie ich Sie darum beneide, dort hinfahren zu können!"

„Das wird eine Entdeckungsreise für mich. Auf jeden Fall haben Sie mir richtig den Mund wässrig gemacht... Aber vielleicht sollten wir noch über das sprechen, was mich hergeführt hat: Ihren Autopsiebericht?"

„Oh ja, natürlich!

Augenblicklich wich der enthusiastische Ausdruck aus Doktor McInchrees Gesicht; seine Hasenscharte wurde wieder unauffälliger und seine Arme verschränkten sich reflexartig vor den frisch gestärkten Falten seines Kittels.

„Haben Sie ihn gelesen, Inspektor?"

„Mehrmals. Aber ich wollte Sie gerne persönlich treffen, um ein besseres Verständnis bezüglich der Umstände des Mordes zu bekommen."

„Das ist gut, vor allem wenn man so jung ist wie Sie. Ich bedauere es übrigens, dass ein solcher Austausch nicht systematisch stattfindet. Das ist schade. Die Leute können sich nicht vorstellen, was eine Leiche, so unappetitlich sie auch sein mag, Ihnen alles verraten kann... Zum Beispiel habe ich einmal einen Herrn obduziert, den ich seit zehn Jahren kannte, einen befreundeten Arzt, der sich das Leben genommen hatte. Ob Sie es glauben oder nicht, aber in der Zeit, in der er hier auf meinem Arbeitstisch lag, habe ich mehr über ihn erfahren als an den Abenden, die wir im Laufe von zehn Jahren miteinander verbracht haben! Sogar seiner Frau hätte ich noch Neues über ihn erzählen können, wenn Sie verstehen, was ich meine..."

„Und Amanda Nelson, Doktor?", ließ Sweeney nicht locker und startete einen letzten Versuch, den ständig abschweifenden McInchree wieder zum Thema zurückzuführen.

„Einfach, Inspektor. Außergewöhnlich einfach. Ein Schlag, ein einziger, von hinten auf die linke Schläfe ausgeführt, und mit selten dagewesener Brutalität. Das Opfer hat nichts kommen sehen. Sie hat nicht gelitten: Beim Aufschlag des Tatwerkzeugs ist das Schädelbein glatt herausgebrochen und dann noch mindestens acht Zoll in die Schädelhöhle hineingedrückt worden. Ein wahres Gemetzel!"

„Um was für einen Gegenstand könnte es sich Ihrer Meinung nach gehandelt haben?"

„Auch das ist sehr einfach. Um einen Golfschläger. Der Abdruck ist so deutlich, dass ich Ihnen sogar sagen kann, dass es sich um ein 6er oder 7er Eisen handelt. Selbst ein Teil des Schafts, also des Verbindungsstücks zwischen Griff und Schlägerkopf, hat unter der Wucht des Aufpralls einen Abdruck auf der Schädeldecke hinterlassen. Das ist übrigens auch nicht weiter verwunderlich: Wenn man weiß, dass der Schläger eines guten Spielers mit bis zu 200 Stundenkilometern auf den Ball auftreffen kann, dann ist der Aufprall auf ein Gesicht... Definitiv, glatt und präzise! Ansonsten war der Körper unversehrt, keine weiteren Verletzungen, kein Geschlechtsverkehr... Ach halt, da ist noch etwas: Das Opfer konsumierte regelmäßig Drogen. Aber nun ja, in der Zeit, in der wir leben, ist das ja fast schon normal. Wenn ich mich recht erinnere, habe ich es noch nicht einmal in den Bericht geschrieben."

„Hmm... Doch, Doktor, Sie haben es notiert. Könnte ich Ihre Röntgenbilder haben?"

„Ich kann Ihnen sogar noch etwas Besseres anbieten, Inspektor: Ich fertige Skizzen von allen meinen Beobachtungen an. Wenn Sie möchten, kann ich..."

„Würde es Ihnen etwas ausmachen, wenn ich sie scanne? Dann könnte ich sie auf meinem Laptop speichern. Ich lege mir gerne Ordner an, wo ich dann die einzelnen Elemente miteinander vergleichen kann. So flexibel geht das nur mit dem Computer. Naja, ich jedenfalls finde das am praktischsten."

„Kein Problem. Wir gehen einfach gleich in meinem Büro vorbei."

„Vielen Dank, Doktor. Übrigens, können Sie mir etwas zum Tatzeitpunkt sagen?"

„Den Tatzeitpunkt kann man sogar recht genau bestimmen: Das Opfer ist Dienstag den 13. gegen Abend gestorben. Bei der Analyse der Kaliumkonzentration ist die Fehlerquote recht gering."

„Meinen Sie die Messung, die im Auge vorgenommen wird, im Glaskörper?"

„Ganz genau. Nicht schlecht für einen jungen Inspektor", beglückwünschte ihn der Rechtsmediziner.

„Der Tatort?"

„Ich habe Sand gefunden. Auf der Leiche, auf der Kleidung, in der Wunde. Aber jetzt, da Sie es ansprechen..."

„Ja?"

„Vielleicht ist es wichtig. Aber gut, ich betrete die Tatorte so gut wie nie. Daher ist es schwierig, sich einen Eindruck zu verschaffen..."

„Was denn, Doktor?"

„Ich habe Blätter gefunden, totes Laub, ziemlich alt, verstehen Sie, mindestens vom letzten Jahr. Und auch ein bisschen Erde, Humus."

„Wo?"

„In ihrem Mund, in der Nase, auf der Kleidung, und auch in der Wunde: Auf den Wundrändern und im beschädigten Cortex... Haben Sie sich den Fundort angesehen?"

„Direkt heute Morgen", gab Sweeney zu, dem beim Gedanken an die Standpauke von Stirling und Moray immer noch etwas kleinlaut zumute war. „Aber ich muss nachdenken, Doktor. Die Fremdkörper, von denen Sie gesprochen haben, kommen neben dem Bunker vor – so nennt man die Sandkuhle doch?"

„Sehr gut, Inspektor."

„Sehen Sie, ich mache Fortschritte – und es ist nicht unmöglich... Naja, ich muss erst einmal darüber nachdenken. Sonst noch etwas, Doktor McInchree?"

„Warten Sie... Nein, nichts von Belang. Wissen Sie für alle Fälle, wie Sie mich erreichen können?"

„Ja, ich... Mist! entfuhr es Sweeney plötzlich. Ich habe mein Diktiergerät vergessen!"

Der Rechtsmediziner zog fragend die Augenbrauen hoch.

„Lassen Sie nur, Doktor. Es ist meine Schuld, ich habe vergessen, es einzuschalten. Egal. Kann ich bitte noch Ihre Zeichnungen bekommen?"

„Ja, ich werde sie Ihnen scannen. Folgen Sie mir bitte."

„Vielen Dank. Und wenn ich's mir recht überlege, Doktor, ich werde in Augusta trotzdem mal schauen, was ich bezüglich Ihrer Autogramme machen kann", grinste Sweeney zum Abschied.

TANTE MIDGE AM APPARAT

"4.00". Rot leuchteten diese drei Ziffern gleichzeitig unter dem ausgeschalteten Fernsehgerät auf. *Verdammte Zeitverschiebung...* schimpfte Sweeney. *Und diese Luftfeuchtigkeit... Unerträglich, ein Schwitzbad.*

Der Inspektor pellte seinen blässlichen Schottenkörper aus den schweißgetränkten Laken. Auf der Suche nach einer unwahrscheinlich erscheinenden Erfrischung begab er sich in den Waschraum seines Motelzimmers.

Sweeney benetzte sich Gesicht und Hals mit einem erbarmungslos lauwarmen Wasser. Notdürftig erleichtert fand er den Mut, sich im Spiegel zu betrachten: *Mein armer Archie, dies ist das erste und letzte Mal, dass du auch nur einen Fuß in die Staaten setzt. Schau dich bloß mal an, was für eine Visage! Und ich kriege kein Auge zu. Morgen, zum Beginn meiner Ermittlungen, werde ich in einer jämmerlichen Verfassung sein.*

Niedergeschlagen kehrte er zu seinem Bett zurück und lehnte sich gegen das metallene Kopfteil, die Augen auf die nervige rote Digitalanzeige gerichtet: Erst 4:10!

*

Achtzehn Stunden vorher war Inspektor Sweeney in Atlanta gelandet, nach einem anstrengenden Flug von fast acht Stunden, der in London gestartet war. Der majestätische Blick auf die von einem gleißendem Sonnenlicht erleuchtete Bergkette der Appalachen hatte ihn nicht wirklich für die Strapazen entschädigen können. Kaum gelandet hatte er sich auf eine hektische Jagd durch den Terminal begeben müssen, um seinen Anschlussflug nach Augusta nicht zu verpassen: Noch einmal dreißig Minuten Flugzeit. Bei der Landung war es zehn Uhr morgens. Und verlassen hatte er London um... sieben Uhr?! Was? Das war doch nicht möglich...

Der Schock der Zeitumstellung war brutal gewesen. Fast genau so brutal wie der Zweite, ein Temperaturschock diesmal: Auf dem Rollfeld von Heathrow hatten noch angenehme fünfundsechzig Grad Fahrenheit geherrscht und...Uff! Beim Öffnen der Türen der Boeing in Augusta waren es plötzlich fünfundneunzig! Furchtbar! Sweeney hatte noch nie in seinem Leben eine solche Gluthitze erlebt. Und dazu noch diese brennende Feuchtigkeit, die in seine Lungen drang, an seiner Haut klebte und vor der es kein Entrinnen zu geben schien...

Noch erwartete ihn ein dritter und letzter Schock. Als er durch die Pforten der Ankunftshalle trat, sein mageres Köfferchen in der Hand und das Laptop unter den Arm geklemmt, erblickte er seinen Namen, der auf eine große Tafel gemalt worden war. Diese klemmte lässig zwischen dem überdimensionierten Daumen und Zeigefinger eines Arnold-Schwarzenegger-Doubles.

Der Mann, der kaum größer war als Sweeney, trug einen dunkelblauen, perfekt sitzenden Anzug. Seine zur Kleidung passende, zu schmale Krawatte war ein vergeblicher Versuch, ein breitschultriges weißes Hemd zu kaschieren: Durch das Volumen der hypertrophen Brustmuskulatur war es derart unter Spannung gesetzt, dass man den Eindruck hatte, der Stoff würde jeden Moment nachgeben.

Der Kopf des Unbekannten, der auf diesem muskulösen Felsblock saß, war mit einem viereckigen, vom ständigen Kauen verformten Kiefer ausgestattet. Außerdem trug der Bodybuilder eine bewusst provokante Ray-Ban-Sonnenbrille und, um den Look komplett zu machen, einen Bürstenhaarschnitt, bei dessen Anblick auch der selbstloseste GI vor Neid erblasst wäre.

Great Scott! fluchte Sweeney. *Das muss der amerikanische Kollege sein. Kein Zweifel, ich bin eindeutig in den Südstaaten angekommen. Sieht aus wie einer, der gern Schwarze niederknüppelt. Hoffentlich bin ich weiß genug für seinen Geschmack. Nur Mut!* Der schottische Inspektor steuerte beinahe widerwillig auf die Tafel zu, auf welcher sein Name prangte.

„Guten Tag. Ich bin Inspektor Sweeney.“

„‘n Tag. Lieutenant McDermott, Polizei von Augusta. Haben Sie alle Ihre Sachen?“

„Ja, ich habe alles.“

„Ok, dann gehen wir. Das Auto steht gleich dort.“

Der amerikanische Beamte machte auf dem Absatz kehrt, und Sweeney eilte seinen breiten Schultern hinterher, die ihm noch imposanter schienen als der Gebirgskamm der Appalachen. Am Ausgang des Terminals umrundete der Muskelmann die Karosserie eines Chevrolets von unendlichen Ausmaßen und mit spitz zulaufenden Kotflügeln, öffnete die Fahrertür und ließ sich in einen breiten Ledersitz fallen. Sweeney zögerte den Bruchteil einer Sekunde, überzeugt, dass der Amerikaner ihm das Steuer überlassen hatte. *Mensch, bist du blöd!* schalt er sich plötzlich. *Hier ist das Lenkrad ja auf der linken Seite!*

Der schottische Reisende beeilte sich, neben McDermott Platz zu nehmen.

„Ich bin nicht unglücklich darüber, endlich angekommen zu sein, ich bin völlig kaputt“, begann Sweeney. „Danke, dass Sie auf mich gewartet haben.“

„Ist doch normal... Nun gut, heute steht nichts Spezielles auf dem Programm, Inspektor. Ich bringe Sie zu dem Motel, das wir für Sie am Stadtrand reserviert haben. Dort können Sie zu Mittag essen, sich ausruhen, und dann treffen wir uns erst morgen früh wieder. Um zehn Uhr komme ich Sie abholen, okay? Von dort aus fahren wir zum Augusta National Golf Club, wo das Turnier stattfindet. Das fängt erst morgen an, am Donnerstag. Auf dem Weg werde ich Sie über den Stand unserer Informationen aufklären, und Sie sagen mir, wie Sie vorgehen wollen. Ist das für Sie in Ordnung?"

„Äh... Ja, allerdings... das Hotel, ich meine das Motel, das liegt nicht neben dem Golfplatz?"

„Machen Sie Witze? Da ist seit Langem alles ausgebucht. Wir haben schon Glück, dass wir so kurzfristig überhaupt ein Zimmer für Sie gefunden haben. Ich hatte sogar schon meine Frau vorgewarnt, dass wir während der *US Open* eventuell Besuch haben würden. Sie hätten das Zimmer unseres Großen bekommen."

„Vielen Dank, das ist nett von Ihnen." Sweeney war äußerst unwohl zumute bei dem Gedanken, dass er diesem amerikanischen Polizisten ausgeliefert war. Er hatte den Eindruck, dass dieser Mangel an Mobilität seine Gehirnzellen lahmlegte.

„Danke, das ist wirklich nett", wiederholte er. „Übrigens, wie darf ich Sie ansprechen? Lieutenant oder Inspektor?"

„Lieutenant, besser noch: Lieutenant McDermott. Und für Sie, ist es in Ordnung, wenn ich Sie ‚Inspektor' nenne?"

„Ja, das ist genau richtig... Sagen Sie, McDermott, haben Sie schottische Wurzeln? Ich kannte nämlich..."

„Tja, kann schon sein. Wobei ich Ihnen sagen muss: Schottland, England, Irland... das alles könnte ich kaum auf einer Karte finden. Meine Kinder sind bereits die siebte Generation, die in den Südstaaten zur Welt gekommen ist. Mein Heimatstaat, das ist Georgia, verstehen Sie?", brach es aus McDermott heraus, wobei er die undurchsichtigen Gläser seiner Ray-Ban-Brille auf seinen Beifahrer richtete. Sweeney hätte einiges darum gegeben, die Augen des Amerikaners erkennen zu können, um abzuschätzen, wie viel Aggressivität sich in diesem Moment darin verbarg.

*

Nachdem er erschöpfende Überlegungen über die amerikanische Polizei angestellt hatte, warf der Inspektor einen erneuten Blick auf die Zeitanzeige des Fernsehgeräts: 5:55. *Was soll ich bloß in der Zeit bis zehn Uhr anstellen? Vor allem bin ich überhaupt nicht müde. An Schlaf ist nicht mehr zu denken*, bemitleidete sich Sweeney.

Missmutig entschloss er sich, seine im Western-Stil gehaltene Nachttischlampe einzuschalten, um... „Shit!", rief er aus: Mücken, mindestens zehn oder mehr! Sie saßen an der Decke und an den Wänden, jede von ihnen stattlicher als die robusteste Pferdebremse, die er jemals auf den Flanken eines schottischen Rindviehs gesehen hatte! Eines war klar, auf der anderen Seite des Atlantiks war einfach alles größer: Die Berge, die Autos, die Polizeiinspektoren, und jetzt sogar noch die Insekten. Der Schotte hatte in seinem Zimmer, das sich in eine Sauna verwandelt zu haben schien, nur einen kleinen Luftzug herstellen wollen, nichts weiter... Sweeney verstand jetzt besser, wozu diese merkwürdigen Gitter gut waren, die hinter den Fenstern angebracht waren und die er mit so viel Mühe zur Seite geschoben hatte. „Shit!", wiederholte er, ohne dass es ihm jedoch gelungen wäre, auch nur einen dieser geflügelten Vampire in Bewegung zu versetzen.

Also, so viel ist klar: Es kommt nicht in Frage, noch lange in diesem Zimmer zu bleiben. Ich werde etwas spazieren gehen, beschloss Sweeney, der entschieden hatte, dass der Kampf gegen die Mücken von vorneherein verloren, und ein einstweiliger Rückzug die beste Lösung war.

Während er seine Kleider überstreifte – sein schwarzes T-Shirt würde bei diesen Temperaturen vollauf genügen, und in Anbetracht der intolerablen Bedrohung durch die kleinen Blutsauger war dies nicht der richtige Zeitpunkt für eine Dusche – erblickte der Inspektor auf einer Kommode mit Country-Motiven eine Informationsbroschüre zu den *US Open* in Augusta.

Als er sie in die Hand nahm, fiel ein Zettel heraus, der zwischen die Seiten gelegt worden war. Sweeney hob ihn schnell auf und stellte fest, dass es sich um den Busfahrplan der Linie handelte, mit welcher man das Wettbewerbsgelände erreichen konnte. Dank des Stadtplans, der auf der Rückseite abgedruckt war, konnte er ohne Mühe die Haltestelle ausmachen, die seinem Motel am nächsten war. Er machte einen Abgleich mit dem Fahrplan: *Mal sehen... Ja, das ist es: 6:37 am. Aber was soll ich bezüglich der Verabredung mit McDermott machen? Ach, egal. Ich werde den Bus nehmen, und er kann mich dann dort treffen. Im Grunde ist es ja fast so, wie ursprünglich vereinbart.* Zufrieden mit dieser Überlegung verließ der Rotbart augenblicklich sein Motel, um der feuchten und schweren Luft des Staates Georgia entgegenzutreten.

*

Fünfzehn Dollar! Nicht gerade billig, der Eintritt: Ich hätte nicht gedacht, dass es so teuer sein könnte, in den USA zu ermitteln.

Sweeney nahm seine blaue Eintrittskarte in Empfang und betrat den akkurat angelegten und gepflegten Garten des National Golf Club.

Er folgte den anderen Zuschauern, die zu dieser frühen Stunde bereits unterwegs waren und gelangte auf die Hauptstraße eines riesigen Dorfs, welches aus Zelten und weißen Pavillons bestand, die schnurgerade nebeneinander aufgereiht waren.

Hier ist ja eine richtige Goldgräberstadt aus dem Boden geschossen, wie zur Zeit des großen Aufbruchs in den Westen, freute sich Sweeney. Unter den Zelten drängten sich hauptsächlich Vertreter der wichtigsten Marken für Golfausstattung, Reiseanbieter, welche die Vorzüge ihres jeweiligen Reiseziels in Sachen Hotel, Golf und Klima anpriesen, Sportvereine mit karitativem oder sonstigem Hintergrund, ein buntes und ausgelassenes Durcheinander, ein würdiges Erbe der Pionierstädte des Wilden Westens.

Dann erblickte Sweeney den ‚Saloon', oder vielmehr ein geräumiges Zelt, dem der unwiderstehliche Duft frisch gebrühten Kaffees entströmte. Ohne nachzudenken ging der Inspektor hinein. Er lehnte sich an einen improvisierten Bartresen, hinter welchem eine junge Kellnerin beschäftigt war, die einen Stetson auf dem Kopf trug. Überrascht über diese Kopfbedeckung, war Sweeney noch überraschter über die unglaubliche Vielfalt des Getränkeangebots. Er schwankte zwischen einem Kaffee mit Vanille, einem anderen mit Zimt oder einem italienischen Espresso.

Schließlich fiel seine Wahl auf die Kaffeekanne, die der Beschriftung nach irischen Kaffee enthielt. *Wir werden ja sehen*, überlegte er, *immerhin kommt das meinem Zuhause am Nächsten.* Der Inspektor sollte seine Wahl übrigens nicht bereuen. Der Kaffee wurde kochend heiß serviert, in einem Styroporbecher mit wahrhaft wundersamen Eigenschaften, die es ihm ermöglichten, seinen Kaffee zu genießen, ohne sich dabei die Finger zu verbrennen.

Während er mit vorsichtigen Schlucken eine schwarze, wohltuend alkoholische Flüssigkeit schlürfte, studierte er das Programm des Tages, welches in einer Ecke des Tresens auslag. Mit seinem noch freien Zeigefinger überflog er die Liste der angemeldeten Spieler, sowie deren Startzeiten. *So... wo sind denn die Kandidaten, die mich interessieren?* Lieutenant McDermotts Anweisungen schien der Inspektor vollkommen vergessen zu haben.

Ah, da: Robby Elster. Neun Uhr fünfzig. Das ist ja noch nicht sofort. Und... Will Tyron Jr., elf Uhr fünfzehn, also noch später. Was könnte ich denn bis dahin mal machen?

„Entschuldigung, Fräulein: Könnten Sie mir sagen, wo die Runde startet?"

Die junge Frau lächelte, als sie diesen unmöglichen schottischen Akzent hörte, der das *R* zerrupfte, als würde es durch einen Dudelsack gepfiffen.

„Aber natürlich. Schauen Sie: Der Startpunkt ist unterhalb des Dorfes, gleich hinter dem Zelt der Wettbewerbsleitung, vor dem die Tafel mit den Ergebnissen steht, sehen Sie?"

„Ja, danke."

„Nichts zu danken... Aber warten Sie noch ein wenig, da ist jetzt noch niemand. Die sind im Moment sicher alle noch auf der Driving Range."

„Auf der Driving Range? Was ist das? Oder vielmehr, wo ist das?"

„Waren Sie noch nie hier? Da müssen Sie die asphaltierte Straße wieder hinaufgehen, bis zum Klubhaus, laufen Sie darum herum, und dann ist es ausgeschildert. Die Driving Range, das ist ein Übungsplatz für die Spieler, wissen Sie."

Sweeneys müden Gesichtszüge strafften sich und er bedankte sich mit einem Lächeln bei der charmanten Stetson-Trägerin.

In der Nähe des Klubhauses angekommen, folgte Sweeney dem Geräusch der zahlreichen *Ticks* und *Tacks*, die von der Rückseite des Gebäudes her zu hören waren. Dann näherte er sich der Driving Range entlang der Leine, die den Zugang absperrte.

Über mindestens fünfzig Yards standen dort lauter große schlaksige Kerle mit breiten Schultern nebeneinander aufgereiht. Alle trugen mit dem gleichen Logo versehene Schirmmützen und Bundfaltenhosen und waren damit beschäftigt, unablässig unschuldige und kurz darauf auch unsichtbare weiße Bälle in unvorstellbare Entfernungen zu katapultieren.

Das Geräusch, das ihre Schlägerköpfe machten, wenn sie mit über 200 km/h pfeifend die Luft zerschnitten, kurz bevor sie auf den Ball auftrafen, um diesen in den Orbit zu befördern, ließ Sweeney erschaudern. *Wenn man sich vorstellt, dass Amanda Nelsons Schädel mit dieser unglaublichen Gewalt eingeschlagen wurde…* Schnell lenkte der Inspektor seine Gedanken weg von diesem schauerlichen Bild.

So, wie kann ich denn nun meine Klienten ausfindig machen? Sweeney bemerkte, dass hinter jedem der Golfer ruhig und beflissen eine Art Sandwich-Mann stand, der mit einem orangefarbenen Leibchen ausgestattet war. Auf diesem unästhetischen Stück Stoff waren der Name und die Staatsangehörigkeit des zugehörigen Spielers zu lesen. Aufmerksam bewachten all diese kostümierten Kerle je eine schlauchförmige Tasche, aus der lauter metallene Stiele herausschauten. *Das müssen die Caddies sein*, schloss Sweeney.

Er ging an der rückwärtigen Absperrung der Driving Range entlang und entdeckte schon bald das Leibchen mit der Aufschrift *R. Elster – USA*.

Also gut, wenn ich das richtig verstanden habe, ist der Mann, der mit dem Schläger herumfuchtelt, Robby Elster. Und der andere, der ihm zuschaut, das ist mein Buddy Nelson. Jetzt geht's los.

Sweeney trat so nah an die Driving Range heran, wie die Absperrung es zuließ und rief laut: „Mister Nelson! Hey, Mister Nelson!"

Augenblicklich eilte eine Ordnerin im strengen Faltenrock, grüner Weste und mit einem bemerkenswerten Tirolerhut auf dem Kopf auf ihn zu, bewaffnet mit einem lächerlichen Sitzstock. Durch ein langes und lautes „Psst!", setzte sie ihn sofort über das Ausmaß ihrer Verärgerung in Kenntnis. Auch die Zuschauer um Sweeney herum straften ihn mit vorwurfsvollen Blicken. Selbst ohne dass auch nur einer von ihnen den Mund aufgemacht hätte, meinte der Inspektor ein dumpfes

Grollen aus der Menge zu vernehmen, als wollten die Leute diesem Bärtigen den Hals umdrehen, der es wagte, die absolute Perfektion des melodiösen Singsangs der *Ticks* und *Tacks* zu stören. Buddy Nelson hingegen hatte keine Mine verzogen.

Sweeney war jedoch fest entschlossen, mit seinen Ermittlungen zu beginnen und beschloss, sich über diese Unmutsbekundungen hinwegzusetzen, die er für das Erbe eines unerträglichen englischen Snobismus hielt: „Hey, Mister Nelson! Ich bin Inspektor Sweeney!"

Bei diesen Worten trat um ihn herum Stille ein. Die Ordnerin suchte mit den Augen nach Unterstützung, die sie aber nicht mehr fand und regte sich nicht. Die Blicke der Umstehenden waren auf dieses merkwürdige Gesicht gerichtet, von welchem ein Satz geäußert worden war, der an diesem Ort vollkommen fehl am Platz wirkte. Allmählich erstarb das Raunen um ihn herum.

Endlich wandte sich Buddy Nelson um. Einen Moment lang musterte er die Person, die ihn soeben angesprochen hatte, dann sagte er schnell zu seinem Spieler: „Wärmen Sie sich weiter auf, Mister Elster. Ich sehe solange nach, worum es geht und bin in zehn Minuten zurück." Dann ging er schnurstracks auf den Unbekannten zu.

Sweeney sah nun einen blonden Hünen, kräftiger noch als ein Rugbyspieler, mit großen Schritten auf sich zukommen. Seine Augen waren von einem stechenden Blau, das durch seine blutroten Wangen noch betont wurde. *Vielleicht hätte ich lieber doch nicht...* besann sich – allerdings zu spät – der junge Inspektor.

*

Die tiefe Stimme des Riesen mit der Schirmmütze grollte im Befehlston: „Kommen Sie. Schnell! Die Journalisten sind noch nicht da!“ Ohne dem Schnösel, der ihn gestört hatte, noch weitere Aufmerksamkeit zu schenken, eilte der Koloss zu einem etwas abseits gelegenen breiten Vorhang aus Tannen, gefolgt von seinem merkwürdigen Caddie-Wägelchen sowie dem schottischen Polizisten, der sich mühte, Schritt zu halten.

Als sie die Baumreihen durchquert hatten, drehte sich Buddy Nelson zu ihm um und blickte mit seinen kristallblauen Augen geradeheraus in diejenigen Sweeneys:

„Sagen Sie mal, hätten Sie nicht einen anderen Zeitpunkt finden können? Wenn Sie noch Fragen haben, dann hätten Sie ja wohl auch...“

„Ähm, entschuldigen Sie, Mister Nelson. Inspektor Sweeney, ich komme aus Schottland.“

„Ach, Sie sind das? Das ist natürlich etwas anderes“, lenkte der Caddie ein. „Man hatte mir schon gesagt, dass jemand kommen würde. Ich bin eigentlich ganz froh, dass Sie sich da drüben wirklich um die Sache kümmern. Aber ganz im Ernst, Sie haben einen unpassenden Zeitpunkt gewählt. In zwanzig Minuten starte ich mit Robby. Das ist nicht der Zeitpunkt, um mit mir über etwas anderes als über Golf zu sprechen. Das hier ist einfach zu wichtig.“

„Entschuldigung, Mister Nelson, aber der Mord an Ihrer Frau, der ist meiner Ansicht nach mindestens genauso wichtig.“

„Ja, verstehen Sie denn nicht? Die *US Open* sind für mich von höchster Bedeutung. Beruflich gesehen. Also nicht jetzt."

„Vielleicht lieber heute Abend? "

„Äh... auch nicht. Nach der Golfrunde ist mein Tag noch nicht zu Ende. Ich muss mich um die Wartung der Schläger für morgen kümmern und meine Notizen ins Reine schreiben, je nachdem, wie die Runde heute gelaufen ist. Ich liege hier nicht auf der faulen Haut herum! Dieses Turnier, das ist eins der wichtigsten Ereignisse der Saison."

„Also wann?"

„Sagen wir morgen früh. Beim Frühstück, in meinem Hotel. Sehen Sie es? Es ist das größte Gebäude, das blaue da drüben... Um sechs Uhr, im Frühstücksraum. Wir finden auf jeden Fall einen Tisch, an den wir uns ungestört zurückziehen können. Ist das für Sie in Ordnung?"

„Wenn es nicht anders geht. Aber ich warne Sie, Mister Nelson, auch wenn das Turnier für Sie wichtig ist, wir müssen die Zeit finden, miteinander zu sprechen."

„Okay, glauben Sie nicht, dass ich versuche, Ihnen auszuweichen. Aber Robby und ich, wir spielen möglicherweise in den vier Tagen des *Open* um unsere Zukunft... Morgen früh, Inspektor, versprochen. Ansonsten, wenn Sie das interessiert, können Sie immer noch Mister Elster treffen, heute Abend in der Bar des Klubhauses. Gegen zwanzig Uhr, das ist Tradition nach Turniertagen. Viele Spieler treffen sich dort, um ein Bier zu trinken und über alles Mögliche zu plaudern, außer über Golf. Ich werde ihm sagen, dass Sie vorbeikommen, wenn Sie möchten."

„Ja, das interessiert mich tatsächlich. Und wissen Sie auch, wo ich Mister Tyron finden kann?"

„Will? Oh ja, bei seinem Vater. Die beiden Unzertrennlichen können Sie nicht verfehlen. Aber lassen Sie sich erst vorstellen, ansonsten warne ich Sie, die werden Sie glatt rausschmeißen: Der Papa spielt gelegentlich auch mal den Bodyguard. Das ist ein ehemaliger Unteroffizier der *Marines*, er hat sich die alten Reflexe bewahrt... Äh, Sir, bevor ich zurückkehre... Gibt es Neuigkeiten wegen Amanda?" Buddy Nelsons Stimme zitterte plötzlich.

„Die wichtigste Neuigkeit ist eigentlich, dass jetzt wir den Fall übernommen haben. Ich gehöre der Kriminalpolizei von Edinburgh an, und wir werden alles daransetzen, den Mörder Ihrer Frau zu finden. Haben wir noch zwei Minuten?"

„Warten Sie... Ja, sogar noch gute fünf. Robby beendet noch sein Abschlagtraining."

„Mister Nelson, können Sie mir sagen, warum das Verschwinden Ihrer Frau Sie offensichtlich nicht besonders beunruhigt hat?"

„Ah, ich verstehe, worauf Sie hinauswollen, Sie! Ich fand es schon komisch, dass Sie es nicht gleich angesprochen haben... Das ist so einfach, nicht wahr? Der gehörnte Ehemann, der es seiner untreuen Ehefrau heimzahlt. Und schwupp, der Verantwortliche ist im Sack! Wollen Sie mir sofort Handschellen anlegen, oder warten Sie noch bis zum Ende des Turniers?", brauste Buddy Nelson auf.

Doch sogleich beruhigte er sich wieder:

„Es stimmt schon, ich kann nicht das Gegenteil behaupten. Als ich letztes Jahr die Fotos in der Presse gesehen habe, hat es mir in den Fingern gejuckt. Allerdings hätte ich vor allem Will, diesem kleinen Scheißer, eine Abreibung verpasst. Er wird sich daran erinnern, an dem Tag hat ordentlich dicke Luft geherrscht... Nun gut, wenn Sie Ihre Ermittlungen auf diese Art führen wollen..."

„Ganz ruhig, Mister Nelson, ganz ruhig! Das ist überhaupt nicht das, worum es mir geht. Versetzen Sie sich in meine Lage. In Anbetracht der Umstände ist es doch normal, dass ich Ihnen diese Frage stelle, nicht?"

„Ja, vielleicht... Aber gut, hier hat man mir diese Frage auch schon gestellt. Sie müssen mich auch verstehen, es ist heute gerade mal eine Woche her, dass Amanda beerdigt wurde... Und wenn Sie nur in diese Richtung ermitteln, kann der Typ, der das gemacht hat, ruhig schlafen."

„Mister Nelson, können Sie bitte, bevor Sie zu Ihrem Spiel gehen, noch meine Frage beantworten?"

„Okay, in Ordnung... Unsere Partnerschaft mit Amanda war einfach so. Sie müssen sich mal mein Leben vorstellen. Ich bin meistens auf den Turnieren der *PGA Tour* hier in den USA unterwegs, außerdem verbringe ich ungefähr ein Drittel meiner Zeit in Europa oder Asien. Insgesamt bin ich vielleicht drei oder vier Wochen im Jahr in Palm Beach, da wo wir... also, da wo ich wohne. Als Amanda noch die *European Tour* spielte, hatte sie ihren eigenen vollen Terminplan. Als wir vor vier Jahren geheiratet haben, hat sie mit dem Profigolf aufgehört, damit wir ein bisschen mehr Zeit miteinander haben konnten. Aber das hat nicht funktioniert. Sie war zu sehr an ihre Unabhängigkeit gewöhnt. Also haben wir uns nie viel gesehen, wissen Sie. Zwei Wochen Trennung, das war normal.

Natürlich musste man sich gegenseitig vertrauen… Bis zum letzten Jahr."

„Wenn Sie also eine Woche lang nichts von ihrer Frau gehört haben, dann haben Sie sich keine Sorgen gemacht?"

„Ich hatte natürlich versucht, sie auf ihrem Handy zu erreichen. Sie hatte mir gesagt, dass sie die Woche in London verbringen wollte und dass sie auf einen Sprung bei den *British Open* vorbeischauen würde, um mich zu treffen. Aber ich bin nie durchgekommen. Ich habe mir gedacht, dass ihr Akku leer war und sie es noch nicht bemerkt hatte… Ich hätte nie gedacht, dass… Ich habe es von ihrem Vater erfahren. An diesem Tag war ich mit Robby bereits zu einem anderen Turnier nach Kanada abgereist. Die *British Open* sind für uns nicht so gut gelaufen, wir mussten versuchen, dort ein besseres Ergebnis zu erzielen."

„Hat man Ihnen denn gesagt, dass sie am Tag ihres Mordes in St Andrews angekommen war, dort, wo Sie mit Robby Elster trainiert haben? Haben Sie sie da nicht getroffen? Sie wollte doch sicher zu Ihnen? Was haben Sie an diesem Dienstag den ganzen Tag gemacht?"

„Warten Sie, mal langsam! Ich musste mich an diesen verdammten Tag erst einmal erinnern, das war nicht so einfach… Robby und ich waren den ganzen Vormittag auf dem *New Course* gewesen. Wir haben zusammen Mittag gegessen, dann ist er noch einmal los, um die achtzehn Löcher des *New* noch einmal zu spielen, diesmal ohne mich."

„Warum?"

„Robby kennt den Platz in- und auswendig, er brauchte mich nicht. Ich bin ins Hotel gegangen und habe mich hingelegt. Später, um siebzehn Uhr, haben wir uns im Klubhaus getroffen, haben einen Kaffee getrunken und dann den halben *Old Course* gespielt. Wenn ich geahnt hätte, dass zur gleichen Zeit…"

„Hmm… Eine letzte Frage noch, dann lasse ich Sie gehen: Sie haben sich ja sicherlich Gedanken darüber gemacht, was passiert ist. Sie haben doch bestimmt eine Idee?"

„Natürlich. Als ich vor der Beerdigung Amandas Gesicht gesehen habe, mit dem eingeschlagenen Schädel – selbst den Leuten vom Bestattungsunternehmen ist es nicht gelungen, die Verletzung zu kaschieren – da war mir eines sofort klar. Der Typ, der ihr das angetan hat, ist Golfspieler, Sir, und zwar ein guter. Da besteht kein Zweifel."

„Warum glauben Sie das?"

„Naja, kommen Sie her. Hier, nehmen Sie diesen Schläger. Das ist ein 7er Eisen, den gibt man gern Anfängern. Es ist einer der Schläger, die am einfachsten zu spielen sind. Schauen Sie, legen Sie Ihre Hände so auf den Schaft, lassen Sie sich führen, okay? Gut, ich lasse Sie jetzt los… Seien Sie nicht so steif, ja?"

„Ja, ja… Und jetzt?", fragte Sweeney, der sich selten so lächerlich gefühlt hatte, wie mit diesem Stück Eisen, das zwischen seinen Beinen hing.

Buddy Nelson zog einen weißen Ball aus seiner Tasche und legte ihn auf die Erde, genau vor den Schlägerkopf des 7er Eisens, das der Inspektor in den Händen hielt.

„So, nun schwingen Sie Ihren Schläger ganz leicht zurück, um ein bisschen Schwung zu holen… Noch ein bisschen... Wenn Sie bereit sind, lassen Sie ihn zurückschwingen und versuchen Sie, den Ball nach oben zu schlagen, so dass er möglichst weit wegfliegt. Einfach, nicht? Also los!"

Sweeney tat wie ihm geheißen, überzeugt, dass er die Plastikkugel genauso weit wegschießen würde wie die Spieler, die er eben auf der Driving Range beobachtet hatte.

Doch in dem Augenblick, in dem der Schläger eigentlich auf den Golfball hätte auftreffen sollen, schien eine geheimnisvolle Kraft den metallenen Stab in seinen Händen umzulenken. Von seinem Schwung mitgerissen, musste Sweeney hilflos mit ansehen, wie das 7er Eisen sein Ziel verfehlte und ... einen Schlag ins Leere machte! Unterdessen lag die fürchterliche kleine Kugel ungerührt am Boden. Sie hatte sich nicht einen Millimeter von der Stelle bewegt.

„Na so was! Ich hätte schwören können..."

„Sehen Sie, Sir! Am Anfang kann einen das ganz schön ärgern. Und dabei haben Sie so gut wie keinen Schwung genommen. Verstehen Sie jetzt, was ich meine? Um jemandem einen präzisen Schlag auf die Schläfe versetzen zu können, noch dazu mit solcher Kraft, braucht es schon... ein gewisses Geschick! Da sind wir uns doch einig? Wenn Sie mich also fragen, ob ich eine Idee habe, dann muss ich Ihnen antworten, ja, natürlich habe ich eine Idee."

„Achtung, Mister Nelson! Wenn Sie über Informationen verfügen, die relevant für unsere Ermittlungen sein könnten, dann muss ich Sie..."

„Morgen früh, Sir. Es ist nur so ein Gedanke, der mir gekommen ist. Wir können immer noch morgen früh beim Frühstück darüber sprechen. Übrigens, wenn Sie Lust haben, noch ein wenig zu üben, kann ich Ihnen den hier gerne anvertrauen. Das ist ein Sand-Wedge, der kleinste Schläger. Die erlaubte Anzahl von Schlägern, die man bei einem Turnier mit sich führen darf, ist genau in den Regeln festgelegt, und mir ist eben aufgefallen, dass ich einen zu viel dabei habe. Ich bin mit den Gedanken im Moment einfach woanders... Jedenfalls wird Robby diesen Schläger heute nicht benutzen, er nimmt lieber den anderen. Nehmen Sie ihn ruhig, Sie können ihn mir ja morgen zurückgeben!" Kaum hatte er dem Inspektor sein Zepter überreicht, setzte Buddy Nelson seine wuchtige Karkasse in Richtung der Driving Range in Bewegung.

Sweeney stutzte vor Überraschung ob dieses unerwarteten und sperrigen Geschenks, entschloss sich dann aber, den rotwangigen Hünen zu begleiten.

„Sagen Sie, Mister Nelson, ich gehe mal davon aus, dass Sie Golf spielen können?"

„Scharfsinnig kombiniert, Sir. Auf gewisse Weise ist es mir ja lieber, dass Sie so sind, immerhin ist es für Amanda... Natürlich kann ich Golf spielen, wie alle Caddies im Turnier. Aber zum professionellen Golfsport hat mein Talent nicht gereicht. Und ich versichere Ihnen, bis zum letzten Jahr als Wills Caddie, oder auch jetzt als Robbys Caddie verdiene ich deutlich mehr, als ich verdient hätte, wenn ich selbst gespielt hätte. Mit ihrem Talent sind diese Typen wahre Goldesel."

Sweeney, der die schicksalshafte Absperrung rapide näher kommen sah, setzte schnell zu einer letzten Frage an:

„Mister Nelson, wen haben Sie eigentlich ersetzt, als Robby Elster Sie engagiert hat?“

„Matthew Johnson, einen Iren.“

Der Caddie stieg über die Absperrleine und zog dann sein Wägelchen darunter durch.

„Der ist hier. Wollen Sie ihn sehen? Ich kann ihn für Sie herbeirufen, wenn Sie möchten.“

„Ja, gerne. Tja, ansonsten bis morgen dann, Mister Nelson. Und viel Glück für das Turnier.“

„Man wünscht sich niemals ‚viel Glück‘, das bringt Unglück!“

Robbie Elsters Caddie entfernte sich. Der Inspektor hörte, wie er einem anderen Sandwich-Mann zurief: „Hey, Matthew! Hast du mal zwei Sekunden Zeit? Geh mal rüber zu dem Typen da drüben, mit dem roten Bart und dem Sand-Wedge. Er will dich sprechen, es ist wichtig!“

Dann nahm Buddy Nelson seinen Platz wieder ein, ruhig und beflissen hinter Robby Elsters leidenschaftlichen Schwüngen.

Sweeney hatte kaum Zeit gehabt, das technische Können der aufgereihten Spieler zu bewundern – ein Können, von dessen Schwierigkeit er sich eben gerade mit dem Schläger in der Hand selbst ein Bild hatte machen können – als ein dünner großer Junge mit der Aufschrift *J. VALHERMOSO – ARG* sich vor ihm aufbaute.

„Was wollen Sie von mir?“, fragte Matthew Johnson.

„Guten Tag, entschuldigen Sie, dass ich Sie störe. Haben Sie kurz zwei Minuten Zeit?“

„Hören Sie, die Interviews finden allerdings ...“

„Nein, nein, ich bin kein Journalist. Inspektor Sweeney. Ich ermittle im Fall der ermordeten Mrs. Nelson. Sie wissen doch Bescheid?“

„Na klar, was denken Sie denn? Aber ich verstehe nicht...“

„Nur zwei Minuten, Mister Johnson. Ich weiß, Sie haben wenig Zeit, und hier ist auch nicht der richtige Ort... Für welchen Spieler arbeiten Sie? “

„Jorge Valhermoso, ein Argentinier“, erklärte Matthew Johnson und zupfte automatisch an den Rändern seines orangefarbenen Leibchens.

„Und, ist das besser als mit Robby Elster?“

„Machen Sie Scherze, oder wollen Sie sich über mich lustig machen?“

„Ich verstehe einfach nur nichts von Golf. Verzeihen Sie, wenn...“

„Ah, das können Sie laut sagen, das ist unglaublich viel besser! Von der weltweiten Nummer zwei, die innerhalb von einer einzigen Saison Gewinne von mehreren Millionen Dollar erspielt, zu einem Typen, der sich auf den Turnieren in Europa abmüht und der Sie nur alle drei Monate bezahlt! Nein, das ist wirklich besser, das können Sie laut sagen!“

„Ich verstehe. Und...“

„Allerdings hatte ich mich schon darauf eingestellt, dass ich entlassen werden würde. Ich meine, sobald ich über die Sache mit den Fotos von der alten Nelson und Will in den Zeitungen gehört habe. Ich kann Robby ja auch verstehen. In meinem Alter habe ich einem Typen von Buddys Schlag einfach noch nichts entgegenzusetzen. Naja, was mich ein wenig tröstet, das sind Robbys Ergebnisse dieses Jahr. Seine Partnerschaft mit dem alten Nelson scheint nicht allzu erfolgreich zu sein. Robby hat sich noch nicht wieder an mich gewandt, aber man weiß ja nie... Ich für meinen Teil würde jedenfalls nicht nein sagen, wenn er mich wieder haben wollte. Valhermoso, das ist eine Notlösung für ein Jahr, aber danach... Man will ja auch leben!“

„Da Sie das Thema gerade ansprechen“, sagte der Schotte mit Ironie in der Stimme. „Was denken Sie über Mrs. Nelsons Tod?“

„Ich habe es Ihnen doch gerade gesagt. Mir wäre es deutlich lieber, man würde den dicken Buddy auf dem *Old Course* hingestreckt vorfinden... Halt, das war ein Scherz. Nein, das ist traurig. Der arme Alte, man kann so etwas niemandem wünschen. Ansonsten, in der Woche, als das passiert ist, waren Jorge und ich zu einer Demonstration auf den Balearen. So etwas wird immer gut bezahlt. Daher kann ich Ihnen, was Amanda Nelson angeht, nicht wirklich helfen. Allerdings, wenn...“

Doch der Ire hatte keine Zeit, seinen Satz zu beenden.

„Was zum Kuckuck ist hier denn los?“, erscholl es plötzlich aus dem zornesroten Gesicht eines etwa sechzigjährigen Mannes in Richtung der Ordnerin im Faltenrock.

„Wer ist denn dieser Kasper?“, regte er sich weiter auf. „Kann mir vielleicht jemand sagen, was dieser Schnulli da macht? Und Sie, was meinen Sie, wozu ich Sie eigentlich bezahle?“

Groß, sportlich, mit kurz geschnittenen Haaren, die Arme leicht vom Körper abgespreizt, um einen noch imposanteren Eindruck zu erzielen, schien der Gorilla im Blaumann es auf den rothaarigen Hänfling abgesehen zu haben, der Sand ins Getriebe des Turniers zu streuen schien, für dessen reibungslosen Ablauf er verantwortlich war.

Matthew Johnson suchte sofort das Weite: Inspektor Sweeney war im Begriff, Bekanntschaft mit dem wutschnaubendem General Boyle zu machen!

*

Und schon brach das Gewitter namens Arthur Boyle über Sweeneys zerzausten Vollbart herein.

„He, Sie da! Tun Sie mir den Gefallen und hauen Sie ab. Wir sind hier nicht auf dem Fußballplatz. Hooligans haben hier nichts verloren!“

„Aber...“

„Hast du mich nicht verstanden?“ General Boyles rotes Gesicht kam dem des Inspektors gefährlich nahe. Sweeney spürte, dass es nun höchste Eile für ihn war, sein magisches Zauberwort auszusprechen: „‘spektor Sweeney, Polizei!“, stammelte er so schnell er konnte.

Der Zerberus der PGA hielt inne. Sweeney hatte den Eindruck, dass sein rasender Blick fast bedauernd den Kragen musterte, den er gerade hatte packen wollen. Verunsichert, aber immer noch genauso rot im Gesicht, sah der Mann ihn ein letztes Mal prüfend an, bevor er anordnete: „Wir bleiben nicht hier, folgen Sie mir!“

Überzeugt davon, dass er es mit dem Chef der lokalen Sicherheitsfirma zu tun hatte, gehorchte der Inspektor und begleitete den grimmigen Hausdrachen in Richtung des weißen Zeltdorfes, wobei er brav darauf achtete, nicht die Besucherabsperrung zu übertreten. Auf der asphaltierten Straße angekommen, die zum Klubhaus führte, drehte sich sein Leibwächter plötzlich zu ihm um und reichte ihm die Hand: „Guten Tag, Inspektor. Ich wusste nicht, dass Sie heute Morgen hier sein würden; Sie hätten mir vorher Bescheid sagen sollen. Sie sind Lieutenant McDermott, richtig?"

„Nein. Mit dem Kollegen McDermott treffe ich mich nachher. Ich bin Schotte..."

„Was? Sie sind der Polizist aus Edinburgh?"

„Äh... Von wem wissen Sie das?"

„Wissen Sie nicht, wer ich bin?"

„..."

„Darf ich mich vorstellen: General Arthur Boyle, einer der Direktoren der *Professional Golfer's Association* und Organisator dieses Turniers. Sie konnten ja nicht wissen... und ich auch nicht. Man hatte mich über Funk informiert, dass ein Eindringling auf der Driving Range Unruhe stiftet, da bin ich gekommen, um mich selbst darum zu kümmern. Augusta ist einer unserer wichtigsten Termine. Es kommt nicht in Frage, dass es hier auch nur zum kleinsten Zwischenfall kommt. Und wenn man will, dass die Dinge ordentlich erledigt werden, kümmert man sich am besten selbst darum... Wie war noch Ihr Name?"

„Inspektor Sweeney, S-W-E-E-N-E-Y", buchstabierte der Schotte. „Ich bin gestern Morgen aus London gekommen."

„Sie sind nicht mit Lieutenant McDermott zusammen? Ich habe gestern mit ihm telefoniert. Er hatte mir angekündigt, dass Sie frühestens am Mittag eintreffen würden."

„Er sollte jeden Moment hier sein. Ich selbst bin bereits heute Morgen zur Eröffnung mit dem Bus gekommen."

„Ach so? Nun gut, kommen Sie. Wir gehen besser in mein Büro. Ich habe noch etwa eine Viertelstunde Zeit für Sie. Danach möchte ich Sie bitten, mich zu entschuldigen. Der Wettkampf beginnt und ich muss zu hundert Prozent einsatzbereit sein. Können Sie mir folgen, Inspektor?" Boyle setzte sich umgehend in Bewegung und Sweeney, dem der Sand-Wedge, den Buddy Nelson ihm überlassen hatte, zunehmend lästig wurde, hatte Mühe, mit dem sportlichen Gang des Mittsechzigers Schritt zu halten. Es blieb ihm auch keine Zeit, die gemütliche Einrichtung im Erdgeschoss des Klubhauses zu bewundern, sondern er musste die Treppe hinauf spurten, um im Gefolge des energischen Generals zu bleiben. Immer noch im Stechschritt durchquerten sie das Obergeschoss, wo ein Geschwader von Sekretärinnen und jungen Krawattenträgern ihrer Arbeit nachgingen. Sweeney hörte, wie der General im Vorbeigehen einen Befehl bellte: „Margaret, zwei Kaffee!", bevor er die Tür zu dem gegenüberliegenden Büro aufstieß.

Mit heftig pochendem Herzen ließ sich Sweeney ohne nachzudenken in den gepolsterten Gründerzeit-Lehnstuhl fallen, auf den sein Gastgeber gedeutet hatte. Bevor er es sich versah, fand er sich mit einem Becher schwarzer heißer Flüssigkeit in den Händen wieder.

Unvermittelt schoss General Boyle seine Fragen auf ihn ab: „So, dann hat man also Sie zu uns geschickt? Und Ihr Sand-Wedge da, gedachten Sie damit am Turnier teilzunehmen?"

Sein verächtlicher Blick besänftigte sich beim Anblick von Sweeneys schlaksiger Silhouette ein wenig. Sweeney ignorierte den ironischen Ausdruck des Generals und wich dem Angriff aus. Er stellte seine Kaffeetasse direkt auf den Fußboden, legte seinen Golfschläger daneben und holte ein erstaunliches graues Kästchen aus der Tasche.

„Erlauben Sie, General? Diktiergerät."

„Davon träumen Sie wohl! Im Leben nicht! Wenn Sie sich Notizen machen wollen, nur zu. Aber das Ding da, nein, kommt nicht in Frage."

„Äh... na gut. Danke, es wird auch ohne gehen. General", ging der Inspektor zum Thema über, „Erinnern Sie sich daran, wie Sie vom Tod Ihrer Tochter erfahren haben?" Sweeney jubelte innerlich. Ohne dass sein Gegenüber es bemerkt hatte, war es ihm gelungen, dank seiner List mit dem Diktiergerät die Kontrolle über das Gespräch zu übernehmen.

„Als ob man so etwas vergessen könnte!", entgegnete General Boyle. Ich war in Florida, gerade zurück in meinem Büro in Palm Beach, am Stammsitz der PGA. Einige Stunden vorher war ich aus Schottland zurückgekommen, ich hatte gleich am Ende der *British Open* den Flieger genommen. Das war ein Dienstagmorgen... Ich hatte meinen Tag begonnen, wie ich es immer tue: Ich hatte die Zeitungen gelesen und Radio gehört. Bei meiner Verantwortung kann man sich nicht auf den Sportteil beschränken, das können Sie sich ja vorstellen. Es war in den Sieben-Uhr-Nachrichten. Es wurde berichtet, dass am Vortag eine unbekannte Frauenleiche begraben auf dem Golfplatz von St Andrews aufgefunden worden war. Ich habe eine Zeitlang gewartet und dann meinen alten Freund

McMillan, den Chef des Golfclubs angerufen, um Näheres zu erfahren. Das war wichtig für mich, denn im nächsten Jahr sollen die *British Ope*n in St Andrews stattfinden. Wir können uns nicht den kleinsten Fehler erlauben... Im Gespräch hat er mir erzählt, fast scherzhaft, dass die Tote entfernte Ähnlichkeit mit meiner Tochter Amanda hätte. Ich weiß nicht, was in diesem Moment passiert ist, eine väterliche Vorahnung, oder die Tatsache, dass ich seit Monaten nichts von ihr gehört hatte... Ich habe versucht, Amanda auf ihrem Handy zu erreichen, dann auf dem Festnetz, aber das hat nichts ergeben. Etwas später habe ich Buddy Nelson erreicht, ihren Ehemann. Er war in Kanada. Natürlich hatte er wie immer keine Ahnung, wo seine Frau sein könnte. Also habe ich mich zur Sicherheit dazu entschlossen, die Polizei anzurufen. Ihre, in Schottland. Zum Zeitpunkt meines Anrufs war es ihnen immer noch nicht gelungen, die Person zu identifizieren, die sie auf dem Golfplatz gefunden hatten. Sie haben alle Informationen überprüft, die ich ihnen übermittelt habe. Zwei Stunden später haben sie mich dann zurückgerufen... es war tatsächlich Amanda."

„Entschuldigen Sie, aber ist es nicht seltsam, dass Sie sofort den Gedanken hatten, dass ihr etwas zugestoßen sein könnte?"

„Oh nein, eigentlich nicht so sehr. Leider waren bei meiner Tochter schlechte Nachrichten an der Tagesordnung. Schon in der Schule: Wissen Sie, ich habe sie immer in die besten Internate des Landes geschickt, sogar ein Jahr lang nach England. Aber Amanda hat es stets hinbekommen, sich hinauswerfen zu lassen. Ich will Ihnen gar nicht im

Einzelnen die Gründe schildern, es war zum Haare raufen... Das einzige, wofür sie sich interessierte, war Golf. Da dies ja zum Teil meine Schuld war – immerhin war ich es, der ihr als Kind das Golfspielen beigebracht hat – habe ich am Ende nachgegeben und ihr erlaubt, dabei zu bleiben. Sie hätte eine schöne Karriere machen können... Aber dann musste sie sich ja ausgerechnet in diesen Riesentölpel Buddy verlieben. In einen Caddie, können Sie sich das vorstellen? Ich habe ihr gleich gesagt, dass die Beziehung keine Chance hätte, ich habe versucht, ihr die Geschichte auszureden. Doch dann hat sie alle Brücken zu mir abgebrochen."

„Hatten Sie danach keinen Kontakt mehr zu ihrer Tochter?"

„Kaum. Wir trafen uns hin und wieder zufällig auf Turnieren. Am Anfang habe ich versucht, sie weiterhin anzurufen, doch sie hat immer einfach aufgelegt. Mehrere Monate lang hatte ich keinerlei Nachricht von ihr. Etwas später hat man mir erzählt, dass sie angefangen hätte zu trinken, und sogar, dass sie in der Öffentlichkeit Drogen nehmen würde... Naja, das war keine wirkliche Neuigkeit für mich. Das hatte schon im College angefangen. In meiner Position war es besser, Distanz zu ihr zu halten. Das habe ich also getan... Und dann schließlich letztes Jahr, als krönenden Abschluss: Diese Foto-Geschichte mit Tyron Jr.! Dieses kleine Miststück!" Sweeney konnte beobachten, wie General Boyles Blick plötzlich vor Wut glühte. Der Inspektor versuchte, das Gespräch in eine andere Richtung zu lenken:

„Und ihre Mutter, General?"

„Wir leben seit über zehn Jahren getrennt. Sie hat sich ein neues Leben in Wisconsin aufgebaut und sich nie wieder gemeldet. Noch nicht einmal zu Amandas Beerdigung ist sie gekommen, soviel dazu!"

Na, da hast du dir ja genau das richtige Thema ausgesucht, um ihn zu beruhigen, mein alter Archie! seufzte Sweeney innerlich. *Versuchen wir es mit etwas anderem...*

„Wo waren Sie selbst am Tag des Mordes?"

„Die Polizei hat mir gesagt, dass sie am Dienstag, den 13. Juli ermordet worden ist. Da war ich bei Ihnen in Schottland, in Royal Troon. Die *British Open* fingen zwei Tage später an, ich hatte jede Menge zu tun. Ich wusste nicht einmal, dass Amanda in dem Hotel in London abgestiegen war. Und erst recht nicht, dass sie nach St Andrews hinaufgekommen war."

„Natürlich... General, ich weiß, die Zeit ist knapp und ich möchte Sie nicht unnötig aufhalten. Haben Sie nicht doch irgendeine, und sei es auch nur die leiseste Idee, was mit Ihrer Tochter geschehen sein könnte?"

„Ich habe es Ihnen bereits gesagt, Inspektor. Ich hatte keine Ahnung, mit wem sie sich umgab. Ich habe ein paar unangenehme Dinge gehört, von Leuten aus der Golfszene. Denn wenn ich mich allein auf Buddy verlassen hätte, um Dinge über meine Tochter zu erfahren... Ihre Beziehung war an einem toten Punkt angekommen, er hätte mir sowieso nicht viel berichten können."

„Wahrscheinlich hat sie sich in St Andrews mit jemandem getroffen. Wer könnte das Ihrer Meinung nach sein?"

„Vermutlich Buddy. Oder ein neuer Playboy aus dem Golf-Milieu, so wie Will... Der sollte sich mal lieber auf das Golfspielen konzentrieren. Für ihn läuft es in dieser Saison bisher katastrophal. Wenn er noch weiter in der Rangliste abstürzt, dann kosten uns seine Dummheiten am Ende echtes Geld! Nein, ganz im Ernst, ich habe keine Ahnung, Inspektor. Das hätte im Grunde jeder sein können, oder?"

„Das glaube ich eben nicht, Herr General. Wir werden uns jedenfalls bemühen, es herauszufinden."

„Viel Erfolg, Inspektor. Wie auch immer, vielen Dank, dass Sie hier sind... Ich hoffe, Ihre Polizei lässt die Sache nicht im Sande verlaufen, weil Amanda Amerikanerin ist und keine Britin."

„Keine Sorge, der Mord an Ihrer Tochter hat äußerste Priorität. Ab September sind zwei Inspektoren allein für diesen Fall abgestellt."

„Sehr gut, ich danke Ihnen. Ich muss mich allerdings jetzt von Ihnen verabschieden, ich muss zum Start, noch einmal alles kontrollieren, bevor es losgeht... Soll ich Sie hinausbegleiten, Inspektor?"

Als sie die Treppe des Klubhauses hinunterstiegen, legte General Boyle plötzlich seinen Arm, der so dick war wie die Stämme der Eukalyptusbäume im Park, auf Sweeneys Schulter:

„Übrigens, zu Ihrer Information, Inspektor: Wissen Sie, wer die Dame ist, die dort hinten an der Theke alleine an ihrem Getränk nippelt?"

„Keine Ahnung."

„Samantha, die Frau von Will Tyron Jr. An Ihrer Stelle würde ich die Gelegenheit nutzen und mich mit ihr unterhalten. Das ist die beste Möglichkeit,

Will kennenzulernen. Den werden Sie vermutlich auch treffen wollen, nehme ich an? Denn wenn Sie ihn persönlich befragen wollen, dann werden Sie ihn mit Sicherheit in Begleitung seines Vaters antreffen, und in diesem Fall gibt der Vater die Antworten. Naja, machen Sie, was Sie für richtig halten. Sie können sich jederzeit an mich wenden... Ach, Inspektor! In den vier Tagen des Turniers, befragen Sie nicht mehr die Spieler auf dem Spielfeld. Einverstanden?“

Wie um dem Versprechen, das er Sweeney abverlangte, mehr Gewicht zu verleihen, quetschte der General die Finger des Inspektors in dem Schraubstock seines überkräftigen Händedrucks.

Sweeney kehrte dem sich vorübergehend beruhigten Vulkan Boyle den Rücken zu und betrachtete die junge Frau, die der Chef der PGA ihm gezeigt hatte. Hübsch, dunkelhaarig und mit tadellosen Körpermaßen starrte sie ins Leere und nippte an ihrem Whiskey *on the rocks*: Dies konnte dem geübten schottische Auge selbst auf diese Entfernung nicht entgehen. Ihrem Gebaren einer ermatteten Miss Acapulco nach zu urteilen, schienen schlimmste Sorgen die schöne Samantha zu peinigen. Sweeney nahm allen Mut zusammen und entschloss sich sie anzusprechen, Bart voran und den Golfschläger in der Hand:

„Ähm... Guten Tag, Madam. Sie sind doch Samantha Tyron, nicht wahr?“

„Ja, was wollen Sie von mir?“

„Inspektor Sweeney. Ich untersuche den Mord an Mrs. Nelson. Darf ich Sie einen Moment stören? Es geht um meine Ermittlungen.“

„Moment mal. Zeigen Sie mir zuerst Ihren Polizeiausweis – Sie haben doch einen? Denn wenn Sie ein Journalist sind..."

„Hier bitte, Madam. Ich bin ganz sicher von der Polizei."

„Ah... Oh, Sie sind Engländer?"

„Schotte, Mrs. Tyron. Schotte. Können wir uns da hinten an den Tisch setzen, sind Sie einverstanden?"

„Nein, nein, wir bleiben hier. Bobby kennt mich, wir können reden. Nicht wahr, Bobby?"

Mit einem Zwinkern bestätigte der junge Kellner hinter dem Tresen diese Erklärung seiner Kundin, die offensichtlich nicht den ersten Drink ihres Tages einnahm. *Und das um zehn Uhr morgens, beeindruckend!* wunderte sich Sweeney.

„Einverstanden. Kannten Sie Mrs. Nelson, die Frau, die in St Andrews ermordet wurde?" begann der junge Inspektor.

„Sie sind lustig, Sie! Stellen Sie diese Frage lieber meinem Mann. Ich habe den Eindruck, der ist in dieser Hinsicht besser qualifiziert, denken Sie nicht?"

„Entschuldigen Sie, Mrs. Tyron, aber das ist wichtig. Es geht um Mord. Ich bin nicht hier, um..."

„Ok, ich verstehe. Natürlich kannte ich sie. Wir waren sogar recht gut befreundet. Will und Buddy arbeiteten seit fast vier Jahren zusammen, daher war Amanda eines der Mädchen der Golfszene, das ich am häufigsten sah. Sie können sich sicherlich vorstellen, dass wir seit einem Jahr wesentlich weniger miteinander sprachen... Sie verstehen doch, wovon ich spreche?"

„Ja, natürlich. Ohne indiskret sein zu wollen, könnten Sie mir erklären, wie... also, warum Amanda und Ihr Mann..."

„Nun reden Sie doch nicht um den heißen Brei herum! Es ist doch so einfach... Will ist ein Gewinnertyp, er reagiert immer auf die gleiche Art. Lassen Sie mich Ihnen das erklären: Er wollte im Golf weltweit die Nummer Eins sein, das hat er geschafft. Genauso war das mit mir, als wir uns kennen lernten, da war ich Miss USA. Er wollte mich haben, er hat mich bekommen... Verstehen Sie, Wills Problem ist, Ziele zu finden, die ihm gewachsen sind, Dinge zu erobern, die er noch nicht erreicht hat. Amanda zum Beispiel war blond, und ich bin brünett. Sie werden lachen, Sir, aber ich bin mir sicher, dass das seine einzige Motivation war: Das Neue, eine neue Trophäe auf seiner Jagdstrecke. Und wie immer hat er sein Ziel auch erreicht... Als ihn später ein Paparazzo mit Amanda erwischt hat, war ihm völlig egal, dass er sich von ihr trennen musste. Er hatte ja schon bekommen, was er wollte, und Punkt. Will tickt so, ich habe es am eigenen Leibe erfahren. Für mich interessiert er sich schon lange nicht mehr... Aber es liegt an seinem Vater, der hat ihn so erzogen."

„Hmm... Ach ja?"

„Kennen Sie denn nicht den Vater, Will Tyron Senior? Unteroffizier der *Marines*! Er hat seinen Sohn von klein auf zu dem gemacht, der er selbst gerne hätte sein wollen. Will ist sein Klon, in stärker, in leistungsfähiger, aber ohne eigenen Willen. Will ist seine Marionette... Stellen Sie sich das bloß mal vor, er hat ihm sogar seinen eigenen Vornamen gegeben! Und seine Frau, Wills Mutter?

Die hat sich umgebracht, als er sechs Jahre alt war. Wahrscheinlich haben weder der Vater noch der Sohn sich jemals gefragt, warum sie das getan hat.“

„Und Sie, Madam, wo ist Ihr Platz in dieser Vater-Sohn-Symbiose?“

„Ich? Ich bin wie ein Accessoire, um ihm Glanz zu verleihen. Eine hübsche Frau für die Promi-Fotos, die an der Seite des Stars die schönen Kleider vorführt, mit einem professionellen Lächeln auf den Lippen. Man lässt das Blitzlichtgewitter auf sich herniederprasseln, und dann hopp, auf Wiedersehen, meine Schöne! Auf zum nächsten Turnier... Seit fünf Jahren geht das nun schon so... Wissen Sie, ich frage mich, wieso sein Vater es zugelassen hat, dass er mit Amanda anbändelt. Wahrscheinlich hat der Alte keinen Verdacht geschöpft, weil sie zum nächsten Umfeld gehörte. Die Frau seines Caddies, das hat er nicht kommen sehen. Als er dann letztes Jahr von den Fotos in der Presse erfahren hat, ist er wegen dieser Geschichte fast verrückt geworden. Das hatte er nun wirklich nicht gebrauchen können... Tyron Senior ist ein Vietnam-Veteran. Ich weiß nicht, was er dort gemacht hat, aber ich glaube, das hat etwas in ihm kaputt gemacht. Dazu kommt, dass Wills Ergebnisse dieses Jahr nicht so gut sind, daher lässt sein Vater ihn noch weniger aus den Augen als sonst. Ich selbst komme kaum an ihn heran, seine eigene Frau... Dies alles wird noch ein böses Ende nehmen!“

„Ich werde versuchen, heute Abend mit den beiden zu sprechen, am Ende des Turniertages.“

„Grüßen Sie sie von mir, falls sie sich noch daran erinnern, wer Samantha Tyron ist. Ich werde dann schon im Bett sein... Bobby, schenkst du mir noch einen ein? Und Sie, Sir, was trinken Sie?“

„Oh nichts, danke. Ich bin im Dienst. Noch eine Frage: Spielen Sie Golf, Mrs. Tyron?“

„Wozu wollen Sie das wissen?“

„Das ist für meine Ermittlungen.“

„Ich verstehe wirklich nicht, inwiefern... Aber wenn es Ihnen Freude macht: Absolut nicht! Will hat nie versucht, es mir beizubringen, und selbst wenn er es vorgeschlagen hätte, hätte ich abgelehnt. Alle Leute um mich herum spielen Golf, sprechen über Golf, leben Golf, denken Golf. Golf, Golf, Golf! Wenn ich das Wort schon bloß höre, wird mir schlecht. Also nein, ehrlich, die kleine weiße Kugel, für mich ist das nichts... Das Einzige, was mich in dieser Golfwelt interessiert, das sind die Klubhäuser... und die Bars. Und Sie wollen wirklich nichts trinken?“

Der Inspektor warf einen letzten Blick auf Samantha Tyrons endlos scheinende Beine und änderte schließlich seine Meinung bezüglich seiner dienstlichen Pflichten: „Ach, naja. Bobby, hätten Sie vielleicht einen...“

„Hey! Da ist er ja! Sweeney, ich suche Sie schon seit einer Stunde! Menschenskind, wo waren Sie denn?“ rief Lieutenant McDermott.

Wutschnaubend wie ein Pitbull-Terrier stürmte der Amerikaner in das vornehm-gedämpfte Ambiente des *Augusta National Golf Club*.

Oh Mist, Schwarzie! Den hatte ich ja vollkommen vergessen, verfluchte sich Inspektor Sweeney.

*

„Entschuldigen Sie die Unterbrechung, Madam. Lieutenant McDermott“, stellte der Amerikaner sich vor.

„Lieutenant, darf ich Sie mit Mrs. Tyron, der Ehefrau von Will Tyron Jr. bekannt machen.“

„Ach? Sehr erfreut, Madam. Ich bin ein großer Fan Ihres Mannes. Ich...“

„Da haben Sie aber Glück, ich nicht! Bobby, lass gut sein, ich muss los. Schreib es auf meine Rechnung... Auf Wiedersehen, Mister Sweety“, versprach sich die schöne Samantha, und schenkte dem Schotten ein flüchtiges Lächeln.

„Auf Wiedersehen, Madam!“ Wie hypnotisiert blickte Sweeney dem wiegenden Tanz ihrer Hüften nach, die sich unter einem zauberhaften Trägerkleid aus dem Klubhaus entfernten.

„Aber, was habe ich denn Falsches gesagt?“ beschwerte sich McDermott, während er auf seinem Kaugummi herumkaute. Dann nahm er den Platz der jungen Frau auf dem Barhocker ein, den sie eben ihrer wundervollen Beine beraubt hatte.

„Ist doch wahr! Ich habe lediglich gesagt, dass ich...“

„Machen Sie sich keine Gedanken, Lieutenant, Sie können mit Sicherheit nichts dafür“, versicherte ihm Sweeneys schelmischer Bart.

Da fiel McDermott wieder ein, was ihn eigentlich hergeführt hatte: „Sagen Sie mal, Inspektor, Sie hätten wirklich im Motel eine Nachricht hinterlassen können. Ich habe Sie gesucht, wissen Sie! Wie sind Sie überhaupt hier hergekommen?“

„Entschuldigen Sie, aber ich konnte einfach nicht schlafen. Diese Zeitumstellung... Da habe ich lieber den ersten Bus genommen, der die Zuschauer zum Golfclub bringt.“

„Nicht dumm, wenn ich das gewusst hätte, dann... Hey! Was haben Sie denn da? Darf ich mal sehen? Das ist ein Sand-Wedge. Wo haben Sie den denn gefunden?“

„Ach ja, den hat mir Buddy Nelson...“

„Wie bitte? Augenblick mal!“

Mit einem Satz sprang McDermott vom Barhocker und riss sich zum ersten Mal seine Ray-Ban-Sonnenbrille herunter. Zu Sweeneys Bedauern war der stahlblaue Blick, den sie freigaben, noch aggressiver, als der Schotte es vermutet hätte.

„Das ist ja unglaublich!“, explodierte der Amerikaner. „Sie wollen mir doch wohl nicht sagen, Sie hätten heute Morgen schon Buddy Nelson verhört? Und eben gerade Mrs. Tyron?... Um Himmels Willen, was fällt Ihnen ein, Sweeney? Und die Einhaltung der Verfahren? Wissen Sie nicht, dass das illegal war, was Sie da gemacht haben, und dass Sie damit bei keinem Richter durchkämen? Schlimmer noch, in dem Moment, wo Sie amerikanische Staatsbürger ohne meine Anwesenheit befragen, können diese rechtlich gegen Sie vorgehen. Sie machen sich keine Vorstellung davon, wozu Anwälte in diesem Land fähig sein können! Vor allem haben Ihre Zeugen die finanziellen Mittel, um sich die Besten leisten zu können! Vergessen Sie das nicht, ohne mich existieren Sie hier quasi nicht... Aber gut, wenn Sie Ihre Ermittlungen in den Sand setzen wollen...“

„Ich habe auch noch General Boyle getroffen“, beeilte sich Sweeney zu beichten.

„*Shit*! Dieser Dummkopf!“ McDermott konnte sich nicht beherrschen und drehte sich einmal um sich selbst, den Blick zur Decke gerichtet, die Muskeln angespannt, und kämpfte mit letzter Gewalt gegen den Impuls an, diesen naiv dreinblickenden Rotschopf zu zerquetschen, der ihn in den Wahnsinn zu treiben drohte: „Das gibt es nicht, das gibt es einfach nicht!“

„Es ist alles gut verlaufen, ich versichere es Ihnen.“

„Zum Glück! Sie wollen mich fertig machen, das ist doch nicht wahr... Ich hatte Ihnen gesagt: Ich werde Sie über den Stand unserer Informationen aufklären und danach werden wir sehen, wie wir gemeinsam vorgehen. Das ist doch einfach nicht wahr!“

Sweeney ließ Lieutenant McDermott sich noch ein weiteres Mal um die eigene Achse drehen. Nachdem er die dritte Runde gemacht hatte, gelang es dem amerikanischen Polizisten langsam, den Juckreiz in seinen Fingern zu beruhigen. Sicherheitshalber verankerte er seine schweren Pranken auf den Hüften, dann zwang er sich dazu, seinen entsetzlichen schottischen Kollegen gelassen anzublicken: „So, der Schaden wäre dann ja bereits angerichtet... Haben Sie irgendetwas Interessantes von Ihren Zeugen erfahren, vor allem von Boyle?“

Sweeney zog es vor zu lügen und schüttelte mit dem Kopf.

„Ich muss mich beruhigen“, seufzte der Amerikaner. „Wie spät ist es?... Ach, lassen Sie uns eine Kleinigkeit essen gehen. Und diesmal bleiben Sie an meiner Seite, verstanden?“

„Kein Problem, Lieutenant“, willigte Sweeney unbekümmert ein.

Ohne den nervtötenden Schotten und dessen metallenes Zepter eines weiteren Blickes zu würdigen, setzte sich McDermott in Richtung des Zeltdorfes in Bewegung. Wie ein Spürhund nahm er die Witterung der verlockenden Düfte nach gebratenem Fleisch und nach Frittiertem auf und machte schnell das Zelt ausfindig, wo die verlockendsten Hamburger angeboten wurden. Dort ließ er seine beeindruckende Muskulatur hinter einem grün gestrichenen Tisch nieder.

„Kaffee und doppelter Cheeseburger, ist das für Sie in Ordnung?“

„Ja, ja“, stimmte Sweeney bereitwillig zu. Sein Schottenmagen hätte einen Haggis und ein Bier vorgezogen, aber unter den gegebenen Umständen...

„Zwei Kaffee und zwei *Double Cheeses*, bitte!“, bestellte McDermott, bevor er Sweeney erneut mit einem eisigen Blick bedachte. „So, ich übernehme jetzt die Kontrolle über das weitere Vorgehen. Dass mir eines ganz klar ist: Sie können niemanden ohne meine Anwesenheit befragen, okay? Beim nächsten Verstoß gegen die Regeln befördere ich Sie eigenhändig ins Flugzeug! Die einzige Freiheit, die Sie hier haben, ist die Auswahl der Klienten, mit denen Sie sprechen wollen, verstanden? Wir gehen folgendermaßen vor: Wir lassen die Spieler in Ruhe ihren Turniertag absolvieren, und abends sprechen wir sie dann an, und zwar im Hotel oder im Klubhaus. Entweder wir machen es so, oder wir lassen es bleiben, Inspektor.“

„Wir machen es so. Allerdings...“

„Was jetzt noch?“

„Ich habe mich für morgen früh um sechs Uhr mit Buddy Nelson zum Frühstück verabredet.“

„Sie gehen mir auf die Nerven! Na gut. Ich hole Sie im Hotel ab, und wir fahren zusammen hin. Haben Sie noch mehr von der Sorte auf Lager?“

„Nein, das ist alles. Ach doch! Ich würde heute Abend gerne die Tyrons treffen, Vater und Sohn, im Klubhaus. Robby Elster auch, wenn er Zeit hat.“

„Kein Problem, das machen wir. Ketchup?“

„Nein danke“, antwortete Sweeney, erleichtert, dass die Beziehung zwischen ihm und dem amerikanischen Lieutenant sich langsam entspannte.

„Guten Appetit. Soll ich Ihnen mein Exposé während des Essens machen?“, fragte McDermott.

„Gerne. Warten Sie, ich schalte eben mein Diktiergerät ein. So, Sie können loslegen!“

Leicht konsterniert beobachtete der Amerikaner, wie die vom Cheeseburger fettigen Finger des Schotten auf den Tasten des Geräts herumdrückten. Dann entschloss er sich resigniert, ihm die Fakten zu resümieren, welche die Polizei von Georgia zusammengetragen hatte: „Tja, auf die Gefahr hin, Sie zu enttäuschen, ich habe leider nicht viel herausfinden können. Man hat uns das Baby ziemlich spät anvertraut, und ich habe erst vor acht Tagen erfahren, dass Sie kommen. Unter diesen Bedingungen... Naja, wie dem auch sei: Wir haben Ermittler zu allen Golfspielern geschickt, die sich in der letzten Zeit in den USA aufgehalten haben und die auf der Liste der Personen standen, die zum fraglichen Zeitpunkt in St Andrews waren. Boyle und die PGA haben uns dabei sehr geholfen... Die Antwort war immer die gleiche: Nichts gesehen, nichts gehört, keine Amanda Nelson weit und breit, keiner weiß von gar nichts. Kurz, in dieser Richtung herrscht absolute Ebbe. Was jetzt das nähere Umfeld von Mrs. Nelson angeht, da wäre zunächst einmal ihr Ehemann: Er hat ein Alibi, geliefert von seinem eigenen Spieler, Robby Elster, mit dem er bis vierzehn Uhr des Tattages zusammen war, und dann wieder ab siebzehn Uhr, also *bevor* das Opfer ermordet wurde. Allerdings hat er kein Alibi für die drei Stunden dazwischen, in welchen er sich angeblich auf seinem Zimmer ausgeruht hat. Hat er Ihnen gegenüber das Gleiche gesagt? Aha... Andererseits, wenn seine Frau auf dem Golfplatz herumspazierte, ohne dass er davon wusste... Es ist natürlich möglich, dass sie sich über den Weg gelaufen sind. Aber ich denke, dass wir ihn vor allem zu diesem Punkt morgen früh befragen sollten."

„Voll und ganz Ihrer Meinung."

„Dann wäre da Robby Elster: Gleicher Fall wie Buddy Nelson, sie geben sich gegenseitig ein Alibi. Außer, dass er sich zwischen vierzehn und siebzehn Uhr tatsächlich auf dem *New Course* aufhielt. Dan Hall, ein südafrikanischer Spieler, sowie auch dessen Caddie erinnern sich daran, ihn gegen sechzehn Uhr am Loch Nr. 14 des *New Course* getroffen zu haben... Wollen Sie Elster dazu heute Abend kurz befragen?"

„Mal sehen, Lieutenant, vielleicht."

„Tja, und dann der Star, Will Tyron Jr: Der war den ganzen Tag über mit seinem neuen Caddie Jack Powell zusammen, und als Powell gegen achtzehn Uhr dreißig das Klubhaus verlassen hat, erwartete sein Vater ihn bereits an der Bar. Sie waren bis einundzwanzig Uhr zusammen."

„Ok. Was haben Sie noch?"

„Das ist alles. Ich habe es Ihnen gesagt, wir hatten nicht viel Zeit, um Ihnen zu helfen."

„Haben Sie mit dem Vater von Tyron gesprochen, Tyron Senior?"

„Nein, wir haben uns auf die Spieler konzentriert."

„Egal, wir sehen ihn ja heute Abend. Wir haben schon ein ganz gutes Programm: Die zwei Tyrons nach dem Abendessen, bei einem schönen Bierchen, dann Elster, wenn wir noch Zeit haben, und morgen früh um sechs Uhr Buddy Nelson. Nicht schlecht für den Anfang, finden Sie nicht, Lieutenant?"

„Sehen Sie, Inspektor, wenn man sich an die Vorschriften hält..."

„Schon gut, Lieutenant, schon gut. Ich bitte Sie um Verzeihung. Zur Entschädigung gehen die Hamburger und der Kaffee auf mich."

„Danke, Sweeney, ich begrabe hiermit das Kriegsbeil."

Zum Zeichen des Friedens schob McDermott seine Ray-Ban wieder auf die Nase.

„Tja, wir haben noch Zeit bis heute Abend", fuhr der Lieutenant fort. „Hätten Sie Lust, sich ein oder zwei Spieler im Turnier anzusehen?", schlug der Amerikaner vor.

„Vielen Dank, Lieutenant, aber ich verstehe absolut nichts von Golf. Außerdem bin ich vollkommen fertig, ich habe die ganze letzte Nacht kein Auge zugetan. Dazu noch diese feuchte Hitze... Die halte ich kaum aus. Nein, ich würde mich lieber im Motel etwas ausruhen."

„Wie Sie möchten. Ich habe einen Dienstwagen genommen, mein Fahrer bringt Sie hin und holt Sie nachher wieder ab. Neunzehn Uhr dreißig, ist das für Sie in Ordnung?"

„Okay, und Sie erzählen mir dann, wie es beim Golf war? Bis später, Lieutenant."

Sweeney stützte sich auf seinen Sand-Wedge wie auf einen Spazierstock und zog seine Beine unter dem grünen Tisch hervor. Dann verließ er das weiße Zelt, einen improvisierten Gig vor sich hin pfeifend.

Was für ein komischer Vogel, dieser Typ! urteilte McDermott hinter den getönten Gläsern seiner Brille. *Und überhaupt, wie der aussieht...*

*

„Na, Inspektor, gut geschlafen?"

Es war ein entspannt wirkender Lieutenant McDermott, der Sweeney an der Bar des Klubhauses empfing. Der Amerikaner schien sein Raubtierlächeln wiedergefunden zu haben.

„Oh, Sie haben sich ein Sakko angezogen, Inspektor? Das wäre nicht nötig gewesen, hier geht es ganz locker zu."

„Und Sie, Lieutenant, haben Sie sich das Turnier angesehen? Menschenskind, hier ist aber heute Abend viel los!"

„Ja, das war super. Ich bin mit einem Flight[2] eine halbe Runde mitgegangen, von Loch Nr. 1 bis Loch Nr. 9; ich habe Brad Devons Spiel verfolgt, der alte Platzhirsch spielt noch genauso gut wie früher... Dann habe ich am Loch Nr. 9 auf Tyron Jr. gewartet und bin die Runde mit ihm zu Ende mitgegangen. Auch nicht schlecht... Aber ich warne Sie, der Star wird möglicherweise miese Laune haben. Er hat an Loch 10 und an Loch 13 ein Double Bogey gespielt, daher ist sein Gesamtergebnis entsprechend..."

„Was hat er gemacht?"

---

[2] Flight = Gruppe von Golfspielern, die gemeinsam von Loch zu Loch gehen.

„Ein Double Bogey gespielt. Zwei Schläge über Par[3]."

„Hä?"

„Ach, lassen Sie, ich erkläre Ihnen das ein andermal. Na, jedenfalls liegt er am Ende des ersten Tages nur auf Platz sechzehn. Bei einem Typen von seinem Kaliber ist das nicht gerade Grund zum Jubeln... So, sind Sie bereit, Sweeney? Die Familie Tyron erwartet uns."

„Wie? Jetzt schon?"

„Was dachten Sie denn? Sie sind nicht der einzige, der hier schnell sein kann. Nach dem Wettbewerb habe ich mich General Boyle vorgestellt und um die Erlaubnis gebeten, gleich ab heute Abend die Spieler im Klubhaus ansprechen zu dürfen: Kein Problem, hat er gesagt. Er hat mich sogar begleitet und ich konnte bereits Bekanntschaft mit Vater und Sohn Tyron machen. Wir haben nur noch auf Sie gewartet, um anfangen zu können. Folgen Sie mir bitte, Inspektor."

„Los geht's", antwortete Sweeney und schluckte seine Spucke herunter.

McDermotts massiver Körper teilte problemlos den Wald aus Poloshirts und Logo-geschmückten Schirmmützen, der vor der Bar Wurzeln geschlagen hatte. Sweeney profitierte vom „Windschatten" seines Kollegen, um seine zerzausten Barthaare zwischen den rechts und links von ihm stattfindenden Diskussionen durchzuschleusen, in welchen ausschließlich von *Draws*, *Slices* oder *Hooks* die Rede war – *war das Südstaaten-Slang?* fragte sich der Inspektor – bis sie an einen niedrigen

[3] Par = Vorgegebene Schlagzahl am Loch eines Golfplatzes

Couchtisch gelangten, der etwas versteckt am Ende des Raums stand.

Eingesunken in die faserigen Kissen eines von zahlreichen Golfspieler-Generationen plattgesessenen Sofas waren zwei Männer in eine heftige Diskussion vertieft. Vor allem einer der Beiden. Der Ältere, ein Eisschrank mit Locken und Schnauzbart, neben dem selbst McDermott wie ein Schuljunge wirkte, erklärte unaufhörlich mit ausladenden Gesten dem Jüngeren, wie man am besten das Green um Loch Nr. 17 angreifen sollte, wie die Kurve auf dem Fairway Nr. 2 zu spielen sei und welche Gründe zu einem verfehlten Putt an Loch 12 führten.

Mit diesem ganzen Fachchinesisch konnte Sweeney nichts anfangen, und schon gar nicht mit den wirren Gebärden, die den Vortrag zu unterstützen schienen. Tyron Jr. hingegen nickte jedes Mal gehorsam, wenn sein Vater die Stimme hob. *Und das soll die weltweite Nummer Eins im Golfsport sein?* wunderte sich der Schotte.

„Guten Abend noch einmal, die Herren. Darf ich Ihnen Inspektor Sweeney vorstellen, er ist aus Edinburgh angereist, um im Mord an Mrs. Nelson zu ermitteln."

Daraufhin baute sich gleich einem Berg die imposante Statur von Tyron Senior vor Sweeney auf, ergriff dessen labberige Hand und schüttelte sie so fest, dass er Gefahr lief, ihm den Arm auszureißen. „Guten Abend, Sir. Setzen Sie sich. Wir sprachen gerade mit meinem Sohn die Golfrunde von heute durch... So, und Sie wollten uns also um irgendwelche Auskünfte bitten?"

„Äh... Ja“, bestätigte Sweeney, bevor er seinerseits in den unvermuteten Tiefen der Sofakissen versank. McDermott tat es ihm zu seiner Linken gleich.

Der Schotte ergänzte die Vorstellungsrunde von sich aus: „Guten Abend, Mister Tyron Junior. Es freut mich, Ihre Bekanntschaft zu machen.“

„Nun, also?“, fragte der Vater des Spielers ungeduldig. „Ich will nicht unhöflich sein, aber die amerikanische Polizei hat Will schon zu diesem Thema befragt, und morgen geht das Turnier weiter. Und da dieser Tag nicht gut gelaufen ist... mal wieder, übrigens!“, wobei Tyron Senior seinem Sohn einen vernichtenden Blick zuwarf.

„Selbstverständlich, Sir. Ich komme gleich zur Sache... Mister Tyron“, begann Sweeney und wandte sich an den Junior, „Sie haben angegeben, dass Sie an dem Tag, an welchem Mrs. Nelson in St Andrews ermordet wurde, und zwar am Dienstag, den dreizehnten Juli, den ganzen Tag mit Ihrem Caddie Jack Powell zusammen waren. Stimmt das?“

„Ganz genau. Wir haben morgens den *New Course* gespielt und am Nachmittag den *Old Course*. Jede Golfbahn anderthalb Mal, und danach haben wir zusammen mit Jack gegessen.“

„Und ist Ihnen am Nachmittag auf dem *Old Course* irgendetwas aufgefallen?“

„Nein, natürlich nicht. Ich habe für die *British Open* trainiert und... Ach, doch! Jetzt wo ich daran denke.“

„Ja, was denn?“

„Ja, natürlich! Vom Meer her wehte ein Wind, der so stark war, dass die Fähnchen flach auf den Boden gedrückt wurden, es war fast unmöglich, einen geraden Ball zu spielen! ... Das war nur Spaß,

Inspektor: Sie können mir glauben, wenn ich Amanda Nelson gesehen hätte, hätte ich die Polizei darüber informiert."

„Was für ein Glück für Sie, dass Sie darüber scherzen können, Mister Tyron. Ich glaube nicht, dass Amandas Ehemann Buddy Ihren Sinn für Humor teilt. Übrigens, wie ist aktuell Ihr Verhältnis zu Ihrem ehemaligen Caddie?"

„Ganz okay. Nicht feindselig, wir grüßen uns. Selbst wenn letztes Jahr alles nicht so einfach war – er hat mir einen Faustschlag verpasst, der mir eine achttägige Krankschreibung eingebracht hat – wir haben sogar die Saison gemeinsam beendet, und dann haben wir uns einvernehmlich getrennt. Allerdings hatte ich zu dem Zeitpunkt auch noch keine Ahnung davon, dass er die Stirn haben würde, zu Elster zu wechseln."

„Warum haben Sie sich denn dann von ihm getrennt? Sie hätten doch..."

„Ich verstehe nicht, was das mit Amanda zu tun haben soll!", unterbrach Tyron Senior unwirsch. Er starrte Sweeney streng an und fügte hinzu: „Das ist doch alles nicht so schwer zu begreifen, oder? Mein Sohn steht bei den größten Sport-Marken unter Vertrag, es gibt Verträge mit Automobilherstellern, mit Fernsehsendern, mit Kleiderkollektionen, sogar eine Fluggesellschaft wirbt mit seinem Konterfei. Diese Leute wollen Will nicht länger auf den Coverseiten der Sensationspresse sehen, und sie haben vollkommen recht. Also haben wir das Problem aus der Welt geschafft. So einfach ist das."

„Ich verstehe. Aber ich habe auch gehört, dass Ihre Ergebnisse sich verschlechtert haben, seit Mister Nelson nicht mehr Ihr Caddie ist, nicht wahr?"

Unmerklich drückte McDermott zwei besorgte Finger in den Unterarm seines Kollegen.

„Ist Ihnen das auch aufgefallen?", fragte der Vater mit ironischem Tonfall.

„Papa, lass gut sein... Ja, das stimmt. Es wäre schon möglich, es ist alles Verhandlungssache, aber im Moment ist das alles noch zu frisch."

„Hmm..." schnurrte der Bart des Schotten nachdenklich. Ohne auf den immer stärker werdenden Druck zu achten, den McDermott auf seinen Unterarm ausübte, fuhr Sweeney fort: „Übrigens, Mister Tyron Junior, ich hätte gerne, dass Sie mir eine Frage beantworten. Sie ist zwar etwas indiskret, aber von größter Bedeutung für meine Ermittlungen: War Ihre Beziehung zu Amanda Nelson wirklich beendet?"

Augenblicklich zog der amerikanische Lieutenant seine Hand von Sweeneys Arm zurück: Diesmal war es zu spät!

Prompt ließ Will Tyron Senior seiner Wut freien Lauf: „Hören Sie endlich auf, uns mit dieser Geschichte auf die Nerven zu gehen! Nein, er hatte nichts mehr mit ihr! Seit letztem Jahr! Glauben Sie etwa, dass er nach diesen Scheiß-Fotos einfach so weitergemacht hätte, ohne zu reagieren? Er hatte keine Gelegenheit mehr, sein Pin-Up-Girl zu treffen, dafür habe ich schon gesorgt."

„Ach so? Passen Sie auf, was Sie sagen, Sir. Sie waren an dem Tag, als Amanda Nelson ermordet wurde, auch in St Andrews. Können Sie uns sagen, was Sie an diesem Nachmittag gemacht haben?"

„Nichts. Ich bin am Meer spazieren gegangen. Das Wetter war schön, das habe ich ausgenutzt."

„Waren Sie allein?"

„Ja, allein, na und?"
„Dann haben Sie kein Alibi, das ist..."
„Was soll der Mist? Machen Sie Scherze, oder was? Wollen Sie mich verhaften, ja? Na los doch, legen Sie mir Handschellen an!"
„Papa, hör auf!"
„Na los, legen Sie sie mir an. Für wen halten Sie sich? Verhaften Sie mich, dann rufe ich sofort meinen Anwalt an, bezahle die Kaution und schlafe heute Nacht in meinem Bett. Los doch, legen Sie mir Handschellen an, damit wir ein bisschen was zum Lachen haben. Und vergessen Sie nicht, den Journalisten Bescheid zu sagen, die lieben so etwas."
„Mister Tyron", schaltete sich McDermott ein, während das gesamte Klubhaus wie erstarrt die Szene beobachtete. „Wir suchen lediglich..."
„Sie suchen vor allem Ärger! So, das reicht jetzt, hauen Sie ab! Mein Sohn und ich haben morgen wichtige Dinge zu erledigen. Tschüss!" Mit einer wegscheuchenden Geste entließ Tyron Senior die beiden Polizisten.

Schnell schob der amerikanische Lieutenant Sweeney in weniger feindliches Gebiet.
„Na, Hut ab! Sie sind ja ein Meister Ihres Fachs."
„Egal, wenigstens habe ich erfahren, was ich wissen wollte."
„Und das wäre?"
„Na, sein Alibi! Der Vater hat kein Alibi!"
„Gut, sind Sie zufrieden? Dann gehen wir jetzt."
„Halt, eine Sekunde, Lieutenant. Ich würde gerne noch nachsehen, ob Robby Elster hier ist."
„Nein, Robby Elster ist nicht da. Ich habe schon nach ihm gesucht, bevor Sie angekommen sind. Der

hat das Klubhaus etwas früher am Abend verlassen. Aber selbst wenn er dagewesen wäre, es reicht für heute!"

„Morgen früh machen wir mit Buddy Nelson weiter, das haben Sie doch nicht vergessen?"

„Ja genau, morgen. Kommen Sie, ich fahre Sie zurück ins Motel."

*

McDermott fühlte sich vollkommen ausgelaugt, als er seinen lästigen Ballast vor dem Eingang des Motels absetzte. Ohne Umschweife verschwand der Polizist am Steuer seines Chevrolets in der Dunkelheit.

Sweeney überquerte einen Parkplatz, dessen Laternen von Hunderten Insekten mit den exotischsten Formen umschwirrt wurden. Er blickte auf seine Uhr: Einundzwanzig Uhr fünfundvierzig. *Zu früh, um schlafen zu gehen*, dachte der Inspektor. *Und die Temperatur beginnt auch gerade erst erträglich zu werden.* Sweeney überlegte weiter: *Um diese Zeit dürfte Tante Midge gerade vor dem Fernseher sitzen. Haben wir Donnerstagabend? Ja, genau, da guckt sie mit Sicherheit ihre Serie.* Ohne zu zögern zog der Inspektor sein Handy aus der Jackentasche.

„Hallo, Tante Midge? Guten Abend Aberdeen, USA hier! Ich bin's, Archie, Tante... Hallo, hörst du mich? Tante Midge, hallo?"

„Sag mal, Archie, was fällt dir ein, mich um diese Zeit aufzuwecken? Ist dir etwas passiert?"

An der verschlafenen Stimme seiner Tante bemerkte Sweeney, dass er etwas vergessen hatte... *Ah, verdammt! Die Zeitverschiebung!*

„Oh, Verzeihung, Tante. Es tut mir leid. Ich hatte die Zeitverschiebung zu Schottland ganz vergessen... Wie spät ist es dort jetzt? Ich hoffe, dass..."

„Es ist fast vier Uhr morgens, Archie! Du hast mich ganz schön erschreckt."

„Mist, das tut mir leid. Wirklich."

„Ist nicht so schlimm. Ich habe sowieso schlecht geschlafen, der Hund rumort die ganze Zeit herum."

„Geht es Berthie gut, Tante Midge?"

„Ach, hör mir auf, dem geht es sogar viel zu gut! Gestern hat er im Garten des Nachbarn eine Ratte gefangen und sie mir dann nach Hause gebracht. Bis in die Küche hat er sie geschleppt! Und dann wollte er seine Beute nicht mehr loslassen. Es hat mich zwei Stunden Geduld gekostet, bevor er endlich bereit war, das Viech herauszurücken."

„Das ist ein Rattler, Tante. Das liegt bei ihm in den Genen. Wenn er seine Beute einmal geschnappt hat, zählt für ihn nichts anderes mehr. Er würde sich eher den Kopf abschneiden lassen, als sie wieder herzugeben. Das ist nicht umsonst mein Hund!"

„Und du, Archie, wie geht es Dir dort drüben? Wir haben gestern Abend mit Reverend Davis über dich gesprochen. Ich war ihm in der Kirche helfen gegangen, es gab schon keine Opferkerzen mehr in den Ständern, und..."

„Ja, Tante, mir geht's gut. Die Reise war ein bisschen lang. Die Mücken und die Autos hier sind riesig, aber ansonsten ist alles in Ordnung. Ach doch, die Temperatur! So etwas habe ich noch nicht erlebt. Ich frage mich, wie die Einheimischen das hier aushalten, es ist unerträglich. Sogar nachts."

„Und sonst, deine Ermittlungen, kommst du voran?"

„Ach, weißt du, am Anfang ist es immer schwierig. Aber ich habe den Eindruck, dass die Leute hier froh sind, wenn ich wieder abhaue."

„Was ist denn los?"

„Ich glaube, ich bin ein bisschen zu direkt. Damit tue ich mir keinen Gefallen"

„Pass auf, Archie. Hör den Leuten zu, hör gut zu, was sie dir zu sagen haben."

„Ich weiß, Tante Midge. Das gleiche hat mir auch Kommissar Wilkinson gesagt. Aber das ist nicht so einfach, wirklich. Die Frau, die ermordet wurde... Du behältst doch für dich, was ich Dir erzähle, Tante?"

„Wenn du nicht möchtest, brauchst du mir nichts zu erzählen, Archie."

„Nein, nein, es hilft mir, darüber zu sprechen. Erinnerst du dich, wie wir die Fälle durchgesprochen haben, die wir an der Polizeischule bekamen... Wir haben uns nur selten geirrt, nicht wahr?"

„Na gut, dann lass mal hören."

„Ja, also, diese ermordete Frau. Die führte ein merkwürdiges Leben, weißt du. Sie und ihr Mann sahen sich fast nie, jeder reiste alleine herum. Sie war ihm schon einmal fremdgegangen, und vielleicht hat sie das auch immer noch gemacht."

„Na, du triffst aber komische Leute, mein Junge... aber deswegen gleich seine Frau umzubringen, Archie, stell dir das mal vor. Würden sich alle betrogenen Ehemänner auf diese Weise rächen, dann gäbe es schon lange keine Frauen mehr, die sie selbst sich zur Geliebten nehmen könnten!"

„Du hast recht, Tante. Es könnte schon sein, dass ihr Mann sie auch betrogen hat... Ich habe ihn heute Morgen getroffen. Er wirkt eigentlich ganz sympathisch, aber das will ja nichts heißen.“

„Hast du denn schon deine ersten Verhöre geführt?“

„Och... wenn man es so nennen will. Ich erzähle Dir das, wenn ich nach Hause komme... Jedenfalls hat der Ehemann ein Alibi für den Mordnachmittag. Außerdem behauptet er, seine Frau an diesem Tag nicht getroffen zu haben.“

„Das kann ja stimmen, Archie.“

„Ich behaupte nicht das Gegenteil, aber komisch ist es schon... Erinnerst du dich, ich habe dir doch erzählt, dass das Opfer auf dem Golfplatz von St Andrews begraben aufgefunden wurde?“

„Ja.“

„Das ist auch komisch. Das passt irgendwie nicht... Ich bin sicher, dass sie in der Nähe des Lochs ermordet worden ist, aber nicht direkt da, wo sie gefunden wurde. Nicht weit davon ist ein bewaldetes Gebiet. In diesem Wald muss sie, geschützt vor neugierigen Blicken, erschlagen und dann vor Ort liegen gelassen worden sein. Vielleicht wurde sie mit Laub zugedeckt, und dann muss der Mörder nachts wiedergekommen sein, um die Leiche ohne Zeugen im Sand zu vergraben. Die Leiche lag mitten auf dem Golfplatz, zu weit vom Rand entfernt, um sie vom Gelände zu schaffen. Das ist der einzige Grund, der rechtfertigt, dass die Leiche hier vergraben worden ist. Und dann der Sand des Bunkers, mit Schaufel und Harke direkt daneben, das ist wirklich eine Traumlage für diese Art von Arbeit.“

„Aber sag mal, Archie, warum sollte jemand das Risiko eingehen, auf einem Golfplatz einen Mord zu begehen?“

„Ich glaube, es ist im Affekt passiert. Ich halte es für unwahrscheinlich, dass dieser Mord geplant war. Jedenfalls nicht an diesem Ort.“

„Achtung, Archie, das Bauchgefühl kann bisweilen...“

„Nein, Tante. Ich stützte mich auf feste Tatsachen. Das erkläre ich dir ein andermal... Ich habe auch den Vater des Opfers getroffen, General Boyle, ein großes Tier. Nicht gerade umgänglich, aber er wird uns helfen, das ist schon mal etwas. Und vorhin habe ich den Weltranglistenersten im Golf getroffen.“

„Will Tyron Junior?“

„Was, du kennst ihn, Tante Midge?“

„Das ist der einzige Name eines Golfspielers, den ich kenne, Archie. Jeder hätte dir die gleiche Antwort gegeben.“

„Ach wirklich? Ich hatte den Namen vor diesem Fall noch nie gehört... Na, jedenfalls war das der Liebhaber der ermordeten Frau. Wie bei dem Ehemann wäre ein mögliches Mordmotiv, dass die Beziehung mit der Frau in die Brüche gegangen ist. Aber auch er hat ein Alibi. Was allerdings noch interessanter ist, sein Vater hat keins.“

„Sein Vater? Aber was soll denn sein Vater damit zu tun haben?“

„Wenn du den Kollegen gesehen hättest, würdest du es verstehen. Ein echter Choleriker. Wir dürfen eines nicht aus den Augen verlieren: Nicht jeder ist in der Lage, einer Frau mit einem Golfschläger den Kopf zu zerschmettern. Ungeachtet der Umstände erfordert dies Können und Kaltblütigkeit... Selbst wenn ich dich zum Beispiel so richtig auf die Palme bringen würde, Tante, glaubst du, du wärst in der Lage, mir den Kopf einzuschlagen, als wäre er eine einfache Wassermelone?"

„Mein Gott, Archie! Rede doch nicht so derb daher! Davon abgesehen, kann ich mir nicht vorstellen, warum ein Vater sich an der Geliebten seines Sohnes vergreifen sollte, das erscheint mir an den Haaren herbeigezogen."

„Außer, wenn der Sohn der reichste Sportler der Welt ist und man ihm helfen muss, sich einer lästigen Ex-Geliebten zu entledigen, wegen der er mehrere Millionen Dollar verlieren könnte. Zur Not auch gegen seinen Willen, oder?"

„Trotzdem... Aber gut, du musst es wissen."

„Weißt du, Tante, Vater und Sohn Tyron, die sind ein bisschen seltsam. Der Vater kontrolliert das Leben seines Sohnes von A bis Z. Das geht sogar so weit, dass er ihn daran hindert, seine eigene Frau zu treffen."

„Das macht ihn noch nicht zu einem Mörder. Du sprachst eben seine Frau an, Archie. Ich bin ja nun selber eine Frau, und ich kann dir versichern, wenn mein Mann mich hintergangen hätte, hätte ich guten Grund gehabt, seine Geliebte zu hassen. Wenn jedenfalls jemand meine Rivalin umgebracht hätte, hätte ich ihr sicherlich keine Träne nachgeweint. Hüte dich vor dem schwachen Geschlecht, mein Junge, wir sind oft noch schlimmer als die Männer."

„Ich glaube dir, Tante Midge, aber Samantha Tyron spielt kein Golf."

„Ja und?"

„Ich habe meine Gründe, das kann nicht sein. Sie kann Amanda Nelson nicht den Schlag versetzt haben."

„Tja, wie du willst. Dein Fall scheint ja ganz schön kompliziert zu sein... Ach guck, da kommt Berthie, um sich mal wieder an meine Beine zu schmiegen... Hör mal, Berthie, da ist dein Herrchen... Ruf ihn mal, Archie, er erkennt bestimmt deine Stimme."

„Ach, Tante! Lass ihn doch. Sag ihm lieber, dass ich ihn in vier Tagen abholen komme, sobald ich aus den USA wieder da bin.... So, Tante Midge, ich lasse dich mal schlafen. Und entschuldige nochmal, dass ich dich geweckt habe. Nächstes Mal passe ich besser auf... *Shit*!"

„Archie! Ich bitte dich!"

„Ich habe vergessen, den Kommissar anzurufen. Na, der wird mir gehörig die Hölle heiß machen!"

„Ruf ihn später am Tag an... Ich lege mich wieder hin, und das solltest du auch tun."

„Du hast recht. Ich rufe dich morgen Abend an."

„Na gut, aber nicht vor achtzehn Uhr. Ich gehe zur Probe vom Kirchenchor, das dauert gut und gerne den ganzen Nachmittag."

„Versprochen, nächstes Mal achte ich auf die Zeitverschiebung. Küsschen! Gute Nacht, Tante Midge!"

EIN BAD BEI ROTER FLAGGE

Aah! schrie Sweeney auf.

Reflexartig stemmten sich seine Füße auf den Boden des Chevrolets. Gleichzeitig schnellten seine Arme wie Sprungfedern nach vorne in Richtung Windschutzscheibe.

„Sweeney! Geht es Ihnen nicht gut?“, fragte McDermott besorgt.

Noch leicht benommen öffnete der Inspektor die Augen und stellte fest, dass der Wagen vollkommen ruhig die letzten Meilen in Richtung des Augusta National Golf Club zurücklegte.

„Verzeihung, Lieutenant“, murmelte Sweeney. „Ein Albtraum... Ich bin weggedöst und dachte kurz, ich wäre am Steuer eingeschlafen.“

„Ach so. Wegen des Linksverkehrs, nicht wahr?“

„Ich kann mich einfach nicht daran gewöhnen. Ich habe hier die ganze Zeit das Gefühl, die Autos fahren ohne Fahrer herum. Außerdem habe ich furchtbar schlecht geschlafen. Diese Hitze... und dazu noch die Zeitumstellung.“

„Sie werden sich schon daran gewöhnen. Da wären wir, Inspektor. Welches Hotel ist es nochmal?"

„Das große dort, mit der blauen Fassade."

Die Reifen des Chevrolets quietschten, als McDermott auf den noch dunklen Parkplatz des Palace Hotels einbog.

„Punkt sechs Uhr. Ich hoffe, Ihr Buddy Nelson hat die Verabredung nicht vergessen."

„Das ist nicht mein Buddy Nelson, Lieutenant. Und wir müssen diese Zeugen nun mal befragen, ab dem Morgengrauen, wenn es sein muss. Finden Sie nicht?"

„Schon recht, Inspektor. Aber gehen Sie sachte vor, heute Morgen, nicht wie gestern Abend mit den Tyrons."

„Keine Sorge, ich bin noch viel zu müde dafür... Ansonsten, was Nelson angeht, schlage ich Ihnen vor, dass wir ihn zunächst zu den drei Stunden befragen, die er am Tattag auf dem Zimmer verbracht haben will. Einverstanden?"

„Das scheint mir eine gute Idee zu sein. Danach nehmen wir ihn dann bezüglich der Gründe seiner Anwesenheit seiner Frau in St Andrews in die Mangel... Dann mal los!" Mit diesen Worten erhob sich McDermotts beeindruckende Rückenmuskulatur mühelos aus dem Sitz des Chevrolets.

„Oh! Eine Sekunde, Lieutenant!", rief Sweeney. „Ich hätte fast Buddy Nelsons Gehstock vergessen."

Der Amerikaner seufzte: „Sand-Wedge, Inspektor, Sand-Wedge. Schauen Sie, da ist sogar ein S unter dem Kopf des Schlägers eingraviert. Verstehen Sie? ‚S' wie Sand-Wedge; ist doch ganz einfach, oder?"

„Wissen Sie, außer mit Rugby kenne ich mich eigentlich..."
„Mit was?"
„Ach, ist egal, Lieutenant. Ich erkläre Ihnen das ein andermal", rächte sich Sweeney. „So, gehen wir?"

Als sie das Restaurant betraten, konnte sich Sweeney ein bewunderndes Pfeifen nicht verkneifen: „*Great Scott*! Das ist aber glamourös hier!"
„Normal, bei vier Sternen", dämpfte McDermott die Begeisterung seines schottischen Kollegen.
Sofort kam ein junger Kellner mit Fliege auf die beiden Polizisten zu: „Guten Morgen, die Herren. Einen Tisch für zwei Personen?"
„Ja... beziehungsweise nein. Wissen Sie, ob Mister Nelson schon heruntergekommen ist?", fragte der Amerikaner.
„Warten Sie... Nein, heute Morgen noch nicht."
„Dann bitte einen Tisch für drei Personen, am liebsten auf dieser Seite, und zwei Kaffee", bestellte der Lieutenant.
„Gern, nehmen Sie bitte Platz. Das Frühstücksbüffet steht zu Ihrer Verfügung." Die Fliege mit dem Kellner daran flog in Richtung Küche davon.
„Möchten Sie etwas frühstücken, Inspektor?"
„Na klar! Ich lege eben meinen Stock weg und bin schon da", beeilte sich Sweeney zu antworten, dem hinter seinem Bart bereits das Wasser im Munde zusammen lief.

Lieutenant McDermott, der sich trotz des gigantischen Speisenangebots mit einem Spiegelei und zwei mickerigen Toastscheiben begnügt hatte, kam als Erster vom Frühstücksbüffet zurück. Fünf Minuten später kehrte auch der schottische Inspektor zurück an den Tisch, die Arme vollgepackt mit Tellern, die so vollgehäuft waren, dass ihr Inhalt auf den gepflegten Teppich des Vier-Sterne-Etablissements zu tropfen drohte.

„Na, Sie haben ja einen gesegneten Appetit!“, beglückwünschte ihn sein amerikanischer Kollege.

„Ich bin vor allem neugierig. Ich hatte Lust, alles zu probieren.“

„Aber was ist denn das da?“, stöhnte McDermott plötzlich auf und rollte entsetzt mit den Augen.

„Rollmops, das ist roher Hering.“

„Das wollen Sie um sechs Uhr morgens essen?“

„Natürlich. Schon als Kind habe ich Rollmops geliebt. Möchten Sie etwas abhaben?“

„Den können Sie gern alleine essen!“, antwortete McDermott, verzog angewidert seine kantigen Kauleisten und trank dann schnell einen großen Schluck brühend heißen Kaffee.

*

„Zwanzig nach sechs. Der lässt ganz schön auf sich warten, Ihr Freund Nelson“, sorgte sich der Lieutenant. Sweeney schluckte einen letzten Mundvoll rohen Fischs hinunter, bevor er antwortete: „Wir können noch zehn Minuten warten, dann lassen wir ihn von der Rezeption anrufen. Es könnte ja sein, dass... Ach, da ist ja Robby Elster. Sehen Sie Lieutenant, Nelson kommt bestimmt gleich“, tröstete ihn der junge Inspektor.

„Sind Sie der Inspektor, mit dem Buddy verabredet ist?“

„Ja. Guten Tag, Mister Elster, ich bin..."

„Haben Sie ihn gesehen?"

„Noch nicht. Im Gegenteil, wir warten auf ihn."

„Ach so?" Robby Elster fuhr fort, mit den Augen den Speisesaal nach seinem Caddie abzusuchen. „Ich war eben bei seinem Zimmer. Ich habe geklopft, aber er antwortet nicht. Ich habe Buddy seit dem Ende der ersten Runde gestern Nachmittag nicht gesehen. Wir hatten uns gestern Abend im Klubhaus verabredet, aber er ist nicht gekommen."

„Wirklich? Mister Nelson hatte mir gesagt, dass er nicht ins Klubhaus kommen würde, weil er den heutigen Wettkampf vorbereiten wollte", wandte Sweeney ein.

„Das hat Buddy Ihnen gesagt? Das würde mich wundern, er verpasst sonst nie eine Abendveranstaltung... Als ich ihn an der Bar nicht angetroffen habe, dachte ich mir, dass... Naja, nach dem Tod seiner Frau habe ich mir gesagt, dass er zu so etwas nicht in der Stimmung war, dass er lieber alleine sein wollte. Aber jetzt, heute Morgen, finde ich es sehr merkwürdig, dass er noch nicht aufgetaucht ist. Buddy ist sonst immer sehr pünktlich."

McDermott und Sweeney wechselten einen Blick und verstanden sich ohne ein Wort.

„Wir gehen zur Rezeption", befahl der Amerikaner. „Dort haben sie mit Sicherheit einen Zweitschlüssel zu seinem Zimmer, wir gehen mal nachsehen."

Robby Elster folgte den beiden Ermittlern auf dem Fuße.

„Guten Morgen, Miss, Lieutenant McDermott. Hier ist meine Karte. Hätten Sie vielleicht den Zweitschlüssel von Zimmer..."

„Zweihundertzwölf“, soufflierte Elster.
„Mister Nelson, der in diesem Zimmer wohnt, hat heute Morgen nicht aufgemacht, und wir möchten überprüfen, ob...“
Ungeachtet der drei Gäste rief in diesem Moment ein junger Mann im Arbeitskittel der Empfangsdame zu: „Hey, Jenny! Hast du schon gehört? Ich komme gerade vom Klubhaus. Es scheint, als hätten sie einen Typen tot an Loch 13 aufgefunden.“
„Entschuldigen Sie bitte, das ist unser Elektri...“
„Vielen Dank, Miss“, reagierte McDermott prompt. Mit einer Wendigkeit, die man in Anbetracht seiner Korpulenz kaum vermutet hätte, lief er los, wobei er den anderen über die Schulter zurief: „Kommen Sie mit, wir gehen zum Golfplatz!“

Kaum eine Minute später betraten die beiden Ermittler und Robby Elster ein brodelndes Klubhaus. Im selben Moment kam General Boyle vom ersten Stock herunter, frisch rasiert und mit Krawatte. Er rief sie sofort zu sich: „Ich sehe, Sie haben es schon gehört! Gut, dass Sie da sind. Man hat uns eben mitgeteilt, dass ein lebloser Körper in dem Bachlauf bei Loch 13 aufgefunden wurde.“
„Ich verständige die Rettungskräfte“, unterbrach ihn McDermott.
„Welche?“, fragte Boyle besorgt.
„Na, die normalen Rettungskräfte. Hat denn etwa noch niemand angerufen?“
„Ruhig, ruhig. Ich will keinen Skandal während des Turniers. Wir gehen erst einmal...“
„Es tut mir leid, General“, unterbrach ihn der Lieutenant erneut mit polizeilicher Autorität. Dann blickte er Sweeney an und fügte hinzu: „Ich werde

auch meine Dienststelle anrufen. Es könnte sein, dass wir Verstärkung brauchen."

Der erboste General Boyle begann rot anzulaufen. Bevor er Zeit hatte, einen Wutausbruch zu bekommen, schlug McDermott diplomatisch vor: „Begleiten Sie uns, General? Wir werden sofort zum Fundort gehen. Mister Elster, wenn Sie uns bitte den Weg zeigen?"

„Warten Sie!", rief Boyle. „Wir nehmen mein Golfmobil. Es steht direkt am Eingang. Robby, gehen Sie ans Steuer!"

Die vier Männer eilten zu dem merkwürdigen Elektrofahrzeug. Als sie das klimatisierte Gebäude verließen, spürte Sweeney bereits die ersten beißenden Sonnenstrahlen auf seiner Wange. Er drehte das Gesicht weg. Dieses leichte Prickeln kündigte die brütende Hitze an, die sich schon bald auf den *Augusta National Golf Club* herabsenken würde.

McDermott nahm neben Robby Elster Platz und tippte die Nummer vom Rettungsdienst in sein Mobiltelefon. Obwohl sie durch den ruppigen Fahrstil des Spielers gehörig durchgeschüttelt wurden, gelang es ihm, sich mit seiner Dienststelle in Verbindung zu setzen: „Allan? Ja, hier spricht der Lieutenant. Du musst alle verfügbaren Kräfte mobilisieren... Ja, das ist mein Ernst. Der National Golf Club, ja, ihr kommt zum Klubhaus und fragt nach dem Weg zu Loch Nr. 13. Ich warte dort... Ja, genau, beeilt euch... Übrigens: Hol den Rechtsmediziner aus den Federn... Ja, Doktor Bride, er soll sich bereithalten. Bis gleich."

General Boyle legte eine Hand auf McDermotts Schulter: „Sagen Sie, glauben Sie nicht, dass..."

„Ich glaube gar nichts, General. Wir werden sehen. Aber ich möchte lieber sicher sein, dass meine Leute sich bereit halten, für den Fall, dass…“ Er wandte sich Sweeney zu: „So, Inspektor. Was auch immer wir dort finden werden, ich möchte, dass eines klar ist: Das hier ist mein Zuständigkeitsbereich. Ich toleriere Sie als Zuschauer, und das war's. Okay?“

„Ich verstehe.“

„Und was die Befragung von heute Morgen angeht, befürchte ich… Sie verstehen, was ich meine?“

„Ich befürchte es auch“, seufzte Sweeney enttäuscht.

„Dort ist es!“, rief Robby Elster plötzlich.

„Ich sehe niemanden“, verkündete General Boyle und suchte zunächst das Grün um Loch Nr. 12 mit den Augen ab, dann den Abschlag von Loch Nr. 13. „Fahren Sie nach rechts auf den Fairway, Robby“, wies er den Fahrer an.

„Übrigens, wer hat Sie eigentlich über den Fund informiert, General?“, fragte Sweeney, nachdem er sich in einer scharfen Kurve, die Elster plötzlich genommen hatte, gerade noch hatte festhalten können.

„Ein Greenkeeper, ich hatte ihm aufgetragen, hier zu warten“, antwortete Boyle und richtete seinen Blick suchend gen Horizont.

Einige hundert Yards später rumpelte das Golfmobil über den akkurat gepflegten Rasen, entlang den Rundungen der Landschaft um das Loch herum, um dann in den Einstieg zur Bahn von Loch Nr. 13 einzubiegen, die von zwei majestätischen Tannenwäldchen gesäumt wurde.

Über den Bachlauf, der entlang der Golfbahn verlief, kam ihnen plötzlich ein Mann entgegen und winkte: „Er ist hier! Er ist da unten!“, rief er gestikulierend.

Robby Elster brachte sein Fahrzeug vor der grasbewachsenen Brücke zum Stehen, auf welche der Unbekannte wies. McDermott stieg als erster aus und verteilte umgehend die Rollen: „General, Mister Elster: Sie bleiben beim Fahrzeug und passen auf, dass niemand ohne meine Erlaubnis diese Grenze übertritt. Sweeney, Sie kommen mit mir.“

Hocherfreut über die Einladung sprang der Inspektor vom Wagen, den Sand-Wedge in der Hand.

Zunächst wandte sich der Lieutenant an den Gärtner, der einen speckigen Stoffhut auf dem Kopf trug: „Sir, können Sie mir sagen, was hier passiert ist?“

„Ich bin seit etwa zwanzig Minuten hier. Er hat sich nicht gerührt. Ich befürchte, dass...“

„Wir werden sehen, beruhigen Sie sich. Sie sind Mister...?“

„Hamm, Craig Hamm.“

„Sie sind Gärtner?“

„Greenkeeper, nicht wahr?“, korrigierte Sweeney.

„Genau, Greenkeeper. Ich sollte auf dem Green des Lochs Nr. 13 arbeiten. Als ich mich vorgebeugt habe, um ein Divot[4] auszubessern, da habe ich ihn bemerkt. Sehen Sie ihn?“

„Ja, warten Sie. Wir gehen runter und sehen nach ihm.“

---

[4] Divot = im Golfsport : losgeschlagenes Stück Grasnarbe

„Ich habe ihn gerufen, aber er hat keine Regung gezeigt. In der Dämmerung habe ich mich nicht getraut, näher dranzugehen, man weiß ja nie... Ich fürchte, es sieht nicht gut für ihn aus."

„Ist es hier?", fragte McDermott und deutete auf einen Brückenbogen, der in idyllischer Vegetation mündete.

„Ja, er liegt da zusammengekrümmt im Schlamm, den Kopf auf den Knien. Ein großer kräftiger Kerl..."

Die beiden Polizisten wechselten einen Blick, in dem sich bei beiden der gleiche Pessimismus widerspiegelte.

„Ziehen Sie das an!", ordnete McDermott an. Bevor sie zu der Leiche herunterkletterten, um sie zu identifizieren, reichte ihm der Lieutenant ein Paar Latexhandschuhe, die er aus der Tasche seines Jacketts hervorgezogen hatte.

„Nicht schlecht, Sie haben ja an alles gedacht!", lobte der Schotte fachmännisch. Doch als er sah, wie tief der Bach offenbar war, schlug Sweeneys fröhlicher Tonfall um: „Oh je, da werden wir uns ganz schön die Füße nass machen."

„Tja, Inspektor, das ist nun einmal unser Beruf", entgegnete der Amerikaner schroff.

Vorsichtig kletterten die beiden Männer das steil abfallende Ufer des Wasserhindernisses hinunter. Widerstrebend tauchten sie dann ihre gepflegten Herrenschuhe in den weichen Schlick am Grund des Baches. Als sie bis zu den Waden im Wasser standen, streckte McDermott seinen Kopf unter den Brückenbogen. Dann, nach einem langen und drückenden Moment des Schweigens, drehte er sich zu Sweeney um und fragte: „Ist er das?"

„Jawohl, das ist er", bestätigte der Inspektor.

Der sechs Fuß und drei Inches lange und fast zweihundert Pfund schwere Grizzly-Körper von Buddy Nelson war im wahrsten Sinne des Wortes in den Brückenbogen hineingezwängt worden, Kopf und Arme auf die Oberschenkel gekauert wie bei einer Inka-Mumie. Das braune Wasser umspülte sein Becken und die Unterseite seiner Beine. „Der scheint mir schon seit einer Weile tot zu sein", stellte McDermott fest. „Ich werde mich rasch vergewissern." Der Lieutenant legte zwei seiner behandschuhten Finger an die Halsschlagader des Riesen. Er wartete einige Sekunden, wobei er sich bemühte, das Rauschen des Baches zu überhören, und schüttelte dann den Kopf in Richtung Sweeney: Negativ. „Okay, wir fassen nichts an. Wir lassen ihn so für den Doktor. Kommen Sie trotzdem mal her und sehen Sie sich das an."

„Er hatte recht, ich hätte ihm gestern Morgen kein Glück wünschen sollen..." murmelte der Inspektor.

„Was?"

„Ach, nichts."

„Kommen Sie näher: Sehen Sie es auch, Inspektor?"

„Ah, das ist ja unübersehbar. Ist das die Todesursache?"

„Schon möglich. Wir warten ab, was der Rechtsmediziner sagt, aber es ist die gleiche Spur wie bei der Frau, nicht?"

„Ja, fast. Bei ihr war es auf der linken Schläfe, und diesmal ist es auf der rechten Seite. Außerdem ist bei ihm der Gegenstand nicht komplett in die Schädeldecke eingedrungen. Aber wahrscheinlich nur, weil er kräftiger war als seine Frau. Trotzdem, haben Sie gesehen, wie groß das Hämatom ist?"

„Ja, und schauen Sie nur: Wie stark sich die Waffe eingedrückt hat. Was für ein deutlicher Abdruck, unglaublich! Naja, er wird nicht lange gelitten haben."

„Bestimmt nicht", stimmte Sweeney nachdenklich zu.

„Na, dann lassen Sie uns mal wieder nach oben klettern", entschied McDermott plötzlich, dessen Wasserresistenz langsam an seine Grenzen zu stoßen schien.

Als er sah, wie die beiden Männer mühsam aus dem Graben herauskamen und ihre Chirurgen-Handschuhe abstreiften, rief General Boyle ihnen ungeduldig zu: „Und?"

„Buddy Nelson ist tot... Ermordet", teilte ihm der Lieutenant mit ausdrucksloser Stimme mit.

Robby Elster konnte bei dieser Neuigkeit noch nicht einmal mehr erblassen: Sein sorgenvolles Gesicht hatte ohnehin schon jegliche Farbe verloren. Der Spieler wandte ihnen den Rücken zu. Er beugte den Oberkörper nach vorne und stemmte seine Hände in die Hüften, wie um sich von einem Schlag in die Magenkuhle zu erholen.

General Boyle hingegen ließ seiner Wut freien Lauf: „Verdammte Scheiße! Ist das eine Epidemie, oder was? Und das Turnier fängt in drei Stunden an... Robby, werden Sie spielen?"

Ohne ihn auch nur anzusehen, schüttelte Robby Elster den Kopf.

„Ok, ich verstehe Sie. Gut, wir machen eine Pressemitteilung, so in der Art: *‚Aus persönlichen Gründen, et cetera...'*" Dann wandte er sich an die Polizisten: „Meine Herren, ich zähle auf Sie, dass nichts davon an die Öffentlichkeit gelangt. Totale Informationssperre für das Fernsehen, okay? *The show must go on*... Übrigens, kommt Ihr Team nicht bald, Lieutenant?“

Konsterniert musterte Sweeney den ungeheuerlichen Boyle: „General, wir haben eben Ihren Schwiegersohn da unten gefunden...“

„Verzeihung, aber das *war* mein Schwiegersohn, bis zu Amandas Tod... Hören Sie, Inspektor, ich habe schon ganz andere Schicksalsschläge einstecken müssen, in meiner Offizierskarriere habe ich so einiges gesehen, wissen Sie... Und dann müssen Sie verstehen, dass ich hier in erster Linie Ko-Direktor der PGA bin, und Organisator eines der größten Sportereignisse dieses Planeten. Es steht enorm viel auf dem Spiel... Heute Abend werde ich Zeit haben, um wieder Buddys Schwiegervater zu werden. Ich werde sogar seine Eltern anrufen, sie leben in Montana. Aber jetzt im Moment muss ich dafür sorgen, dass die *Open* unter ordentlichen Bedingungen stattfinden können... So, kommen Ihre Kollegen denn nun bald?“, schloss Boyle, an McDermott gerichtet.

„Sieht so aus“, antwortete der Amerikaner, als er eine Prozession elektrischer Golfmobile erblickte, die mit Höchstgeschwindigkeit über den Fairway heranrollten.

„Das ist die Attacke der leichten Brigade“, lachte General Boyle auf, woraufhin Sweeney ihn geschockt anstarrte.

„Hallo, Allan! Ihr habt ja keine Zeit verloren“, beglückwünschte McDermott seinen jungen Kollegen, der vollständig in Schwarz gekleidet war.

„Du bist gut, was für Spinner im Klubhaus! Die haben darauf bestanden, dass wir mit diesen Zwergenautos da zum Loch fahren. Unmöglich, unsere eigenen Wagen zu benutzen, ich glaube, die hätten sich von uns überfahren lassen, um das zu verhindern."

„Naja, Hauptsache, Ihr seid jetzt hier. Es besteht jetzt sowieso keine Eile mehr, und... Na so was, Doktor! Sie sind auch schon auf? Um diese Zeit?"

„Was glauben Sie denn, Lieutenant? Ich konnte doch diese einmalige Gelegenheit zum Besuch der *US Open* nicht verpassen."

„Kommen Sie, Doktor, ich stelle Ihnen Inspektor Sweeney vor. Er kommt aus Schottland. Inspektor... Doktor Bride."

„Machen Sie bei uns ein Praktikum?"

„Nein, ganz und gar nicht, Doktor. Es ist so, dass die Gattin des Herren, den Sie da unten entdecken werden, letzten Monat bei uns tot aufgefunden wurde, unter den gleichen Umständen ermordet."

„Aha? Ist es denn Mord, McDermott?"

„Ja, ein Mann, Buddy Nelson, circa dreißig Jahre alt, die Schläfe wurde mit einem stumpfen Gegenstand eingeschlagen. Wie es scheint, mit einem Golfschläger."

„So wie diesem hier", erklärte Sweeney und wedelte mit seinem Sand-Wedge.

„Äh.. Ja, danke. Hätte ich mir fast gedacht", antwortete Bride und musterte den Schotten, als handele es sich um einen geistig Zurückgebliebenen.

„Sie werden sehen", fuhr McDermott fort, „der Mörder hat ihn erschlagen und dann die Leiche dort unter dem Brückenbogen versteckt."

„Na, vielen Dank, Lieutenant, Sie hätten mir ruhig sagen können, dass ich Stiefel mitnehmen soll! Ich werde mich vollkommen durchnässen."

„Haben wir auch schon", entgegnete McDermott und zog die Säume seiner blauen Hose hoch, von denen das schlammige Wasser heruntertropfte.

Bevor er selbst hinunterkletterte und sich in die Höhle begab, in welcher Buddy Nelsons Leichnam kauerte, konnte der von dem idyllischen Rahmen der renommierten *US Open* begeisterte Doktor Bride sich einen sarkastischen Kommentar nicht verkneifen: „Hey, sagt mal! Loch Nr. 13, das hat eurem Klienten hier nicht gerade Glück gebracht! Dann wies er auf das dreieckige Fähnchen, das auf dem anliegenden Green flatterte: „Außerdem hätte er es wissen sollen: Wenn die rote Fahne gehisst ist, geht man nicht ins Wasser. Das ist gefährlich!"

Vermutlich braucht er das, um sich zu entspannen, entschuldigte ihn Sweeney.

Mit Erleichterung sah der Inspektor zu, wie der dramatische Doktor Bride in dem Graben verschwand, um seiner makabren Arbeit nachzugehen.

*

Das quälende *flop... flop* des Ventilators vermischte hartnäckig die feuchtigkeitgeschwängerte Luft mit den braunen und den Atem nehmenden Schwaden des Zigarrenrauchs... Und diese verfluchten Mückengitter an den Fenstern, die ein Abziehen dieser schweren und ekelerregenden Dämpfe unmöglich machten... Ein wahrer Giftcocktail für die Lungen eines Schotten!

„Lieutenant, ist es in Ihrem Büro immer so heiß? Darf ich Sie darum bitten, mit dem Rauchen aufzuhören? Ich fühle mich nicht so gut..." flehte Sweeney, der noch bleicher war als sonst.

„Sagen Sie, Inspektor, ist das etwa schlimmer als der Geruch von rohem Hering um sechs Uhr morgens? Gut, ich mache sie aus, aber Sie zwingen mich damit, eine wahrhaftige Sünde zu begehen... Eine Schande! Eine echte Zigarre aus Havanna, von Kamerad Fidel, Bartträger wie Sie... Und noch dazu ein Geschenk meiner Frau!"

„Bitten Sie sie für mich um Entschuldigung."

„Sie bringen mich bereits um den letzten Tag der *Open*. Ich hätte wirklich lieber das Turnier..."

„Aber haben Sie mir nicht selbst gesagt, dass es keinerlei Spannung mehr gab?", unterbrach ihn der Inspektor. „Dass bei sechs Schlägen Vorsprung der Favorit sowieso nicht mehr eingeholt werden könne? Wie hieß der gleich?"

„Michael Krantz. Ein Typ aus Chicago... Ja, im Prinzip stimmt das schon, er müsste eigentlich gewinnen. Aber wissen Sie, im Golf ist nichts von vornherein entschieden. Jedenfalls nicht, solange Sie nicht den Ball in das achtzehnte Loch geputtet haben. Es ist schon vorgekommen, dass..."

„Schauen Sie sich die Zusammenfassung im Fernsehen an. Ich reise morgen ab, Lieutenant. Es ist doch wichtig, eine Bestandsaufnahme zu machen, bevor ich nach Schottland zurückfahre, nicht?"

„Doch, natürlich. Trotzdem, können Sie sich das vorstellen? Dieser Typ zieht sich ein Jahr lang komplett aus dem Golfsport zurück und geht ins heimische Illinois, wo er als Autoverkäufer arbeitet. Er hält seine Karriere für beendet, und heute steht er kurz davor, eines der größten Turniere der Welt zu gewinnen...“

McDermott bemerkte, wie sich ein spöttisches Lächeln unter Sweeneys rotem Bart abzeichnete. Ironischerweise stützte er dabei sein Kinn, wie auch seine gute Laune, auf der Stielspitze seines Sand-Wedge ab.

„Ja, ist gut, Inspektor Sweeney! Wir fangen ja an! Übrigens, wie ich sehe, haben Sie immer noch den Schläger dieses armen Buddy Nelson.“

„Wissen Sie, Robby Elster wollte ihn nicht zurück haben. Für mich ist der Schläger eine Art Souvenir, wie ein Zeichen dafür, dass Buddy mir die Suche nach dem Mörder seiner Frau übertragen hat... und auch nach seinem eigenen Mörder.“

„Und, wollen Sie ihn mit zurück nach Edinburgh nehmen? Ach, wo ich gerade daran denke, Inspektor, um welche Uhrzeit geht am Montag, also morgen, eigentlich Ihr Flieger?“

„Um zwölf Uhr mittags. Um halb elf muss ich am Flughafen sein.“

„Gut, dann hole ich Sie um zehn Uhr am Motel ab. Ohnehin werden wir uns bald wieder sehen, Sweeney. Immerhin ermitteln wir jetzt im selben Mordfall am Ehepaar Nelson, da bleiben wir in Kontakt.“

„Wir werden sehen, Lieutenant, das hängt ganz von meinem Kommissar ab. Ich bin nicht sicher, dass ich den Fall behalten kann. Seit dem Mord an Buddy Nelson vor zwei Tagen schreit er mich regelmäßig am Telefon zusammen, das können Sie sich nicht vorstellen! Ich habe wahrlich keine Eile damit, einen Fuß in Wilkinsons Büro zu setzen."

„Ihr Chef kann Ihnen nicht viel vorwerfen, Inspektor. Für den Mord an Nelson können weder Sie noch ich das Geringste. Der Prozess, der zu seinem Tod geführt hat, war bereits im Gang, lange bevor man Ihnen die Ermittlungen übertragen hat. In Wirklichkeit barg der Tod an Amanda bereits den Keim für den Mord an ihrem Mann. Wer hätte das vorhersehen können?"

„Das ist schon möglich, Lieutenant. Aber wenn das stimmt, dann müssen wir nun so schnell wie möglich herausfinden, wer die ersten beiden Dominosteine angestoßen hat. Denn wer weiß, ob nicht noch mehr umfallen."

„So kann man die Sache sehen", gab McDermott ihm recht.

„Legen wir los, Lieutenant? Diktiergerät?"

„Diktiergerät", grinste McDermott, mittlerweile vertraut mit den Marotten seines europäischen Kollegen.

„Klick"

„Das Opfer", begann der Amerikaner, „ist Donnerstagabend gegen zwanzig Uhr durch einen gegen die rechte Schläfe ausgeführten Schlag ums Leben gekommen. Bei der verwendeten Tatwaffe handelt es sich um einen Golfschläger, ein Eisen, denn die Abdrücke haben sich in der Wunde abgezeichnet. Dieser Schlag führte zum Hirntod des Opfers."

„Und einige Elemente sind fast identisch mit dem Mord an Amanda Nelson."

„Ja, das springt ins Auge. Aber wir sollten vorsichtig sein... Gut, Inspektor, machen wir gleich mit unseren beiden wahrscheinlichsten Theorien weiter“, fuhr McDermott fort.

„Okay, dann fange ich mal an, wenn Sie einverstanden sind. Widersprechen Sie mir, wenn Sie nicht mit mir einer Meinung sind“, bat Sweeney. „Zunächst die erste Theorie, die in Anbetracht unserer Informationen am Naheliegendsten erscheint: Amanda Nelson wurde in St Andrews ermordet, ohne dass irgendjemand ihrer Angehörigen überhaupt auch nur von ihrer Anwesenheit in Schottland wusste. Die Motive und die Umstände sind relativ unklar... Als ihr Ehemann Buddy von dem Tod seiner Frau erfährt, verdächtigt er eine bestimmte Person, von der er weiß, dass er sie beim Turnier in Augusta wiedertreffen wird. Er wartet das Ende der ersten Runde ab, dann spricht er ihn an und verlangt eine Erklärung. Mit dem fatalen Ergebnis, das wir bereits kennen.“

„Das ist richtig, Inspektor. Allerdings ist es erstaunlich, dass er nicht vorsichtiger vorgegangen ist. Wenn diese Theorie stimmt, dann zieht sie zwei Schlussfolgerungen nach sich: Erstens, dass Buddy recht hatte und den Mörder seiner Frau kannte. Aber in diesem Fall stellt sich die Frage, über welche Informationen er verfügte, dass er zu dieser ungeheuerlichen Erkenntnis gelangt ist. Zweitens würde dies bedeuten, dass es in unseren zwei Fällen, in St Andrews und in Augusta, nur einen einzigen Täter gibt.“

„Hmm... Dies wäre natürlich schön einfach“, murmelte Sweeney.

„Und die zweite Theorie?“, forderte ihn der Amerikaner auf fortzufahren.

„Die sollten wir auch nicht außer Acht lassen: Buddy hat seine Frau in Schottland umgebracht oder umbringen lassen, das Verbrechen eines eifersüchtigen Ehemanns. Dann hat eine andere Person seinerseits ihn umgebracht, nach dem gleichen *Modus operandi*, um den ersten Mord zu rächen. Oder warum nicht auch aus anderen Gründen, die irgendwie mit dem Golfsport zusammen hängen. Das wäre weniger einfach…"

„Aber durchaus möglich. Gut, dann lassen Sie uns mal die Informationen zusammenfassen, über die wir bezüglich der Umstände des Mordes an Buddy letzten Donnerstag verfügen."

„Das wird schnell gehen", seufzte Sweeney.

„Sagen Sie Bescheid, wenn ich etwas vergesse", begann McDermott. „Am Tag seines Todes ist Buddy gesehen worden, wie er nach dem Wettkampf den Weg zur Golfbahn einschlug. Er trug die gleiche Kleidung, in der wir ihn an Loch Nr. 13 aufgefunden haben. An diesem Morgen hatte er es abgelehnt, Sie abends im Klubhaus zu treffen, unter dem Vorwand, dass er den folgenden Turniertag vorbereiten müsste. Er hat sich auch nicht mit Robby Elster getroffen, der an der Bar auf ihn gewartet hat."

„Unter diesen Umständen, wenn unsere beiden Theorien richtig sind, dann war er entweder auf der Suche nach dem Mörder seiner Frau, oder jemand hatte sich mit ihm an Loch 13 verabredet, um dort mit ihm abzurechnen. In dem Fall wäre eine Befragung von…"

„Unmöglich!", unterbrach ihn McDermott. „Ich will kein Spaßverderber sein, Inspektor, aber das Problem, das wir haben, ist, dass diese ganze kleine Welt uns heute Abend durch die Lappen gehen wird. Am Ende der *Open* wird die internationale Golfszene Georgia verlassen. Das nächste Turnier, bei dem sie alle wieder aufeinandertreffen werden, findet nicht vor Anfang September in Irland statt. Und soweit ich weiß, liegt Irland weder in Ihrem, noch in meinem Zuständigkeitsgebiet. Also..."

„Also werden wir dann ja sehen!"

„Was werden wir sehen? Im Moment können wir niemanden verhaften, das wissen Sie selber. Sie haben alle Alibis!"

McDermotts Zähne verliehen dessen Frust Ausdruck, indem sie mit einem kurzen Biss die Spitze seines Kugelschreibers köpften.

„Sachte, Lieutenant... Übrigens, für unseren Bericht, wollen wir diese Alibis noch einmal gemeinsam durchgehen?", bat Sweeney und wies auf sein Diktiergerät, dessen Spule vollgesprochenen Bandes bereits besorgniserregend dick geworden war.

„Wenn Sie möchten", beruhigte sich der amerikanische Lieutenant. „Zunächst einmal Matthew Johnson. Hat die Bar des Klubhauses nicht verlassen, wo er zwischen achtzehn und zweiundzwanzig Uhr seinen Kummer ertränkt hat. Der Tag mit Valhermoso, seinem Spieler, war so schlecht gelaufen, dass sie seit Donnerstagabend so gut wie keine Chance mehr hatten, den Cut[5] zu schaffen und an den letzten zwei Spieltagen der *Open* teilzunehmen. Daher hätte er, selbst wenn er sich Buddys hätte entledigen wollen, um seinen Platz bei Robby Elster wieder einzunehmen, jemand

---

[5] Cut = Platzierung, die nach den beiden ersten Turnierrunden erreicht werden muss, um an den Finalrunden teilnehmen zu dürfen

anderen mit dem Mord beauftragen müssen. Nicht sehr wahrscheinlich."

„Dann haben wir Tyron Vater und Sohn befragt, diesmal getrennt voneinander."

„Der Vater war so charmant wie immer... Übrigens haben wir bisher Glück mit der Presse. Im Moment ist noch nichts an die Öffentlichkeit gedrungen. Letzten Endes hat Boyle seine Leute gut im Griff, jedenfalls in dieser Hinsicht, und man muss zugeben, dass uns das unsere Aufgabe erleichtert."

„Wo ich gerade daran denke, Lieutenant, Sie interessieren sich doch für den Ausgang des Turniers: Wie ist es eigentlich für Tyron Jr. gelaufen?"

„So mittelprächtig. Er eiert zwischen dem zehnten und dem fünfzehnten Platz herum. Mit dem Ergebnis wird er sein Ansehen in der Szene nicht aufpolieren können. Die Journalisten werden langsam ungeduldig; sie werden ihn in ihren nächsten Artikeln mit Sicherheit zerfleischen... Um zu den Alibis zurückzukommen: Vater und Sohnemann befanden sich zum Tatzeitpunkt gemeinsam auf dem Golfplatz, ohne ihren Caddie Jack Powell. Sie geben an, die verpatzten Schläge vom Nachmittag noch einmal nachgestellt zu haben. Darüber sprachen sie im Klubhaus, bevor wir sie das erste Mal befragt haben. Ansonsten geben sie zu, an Loch Nr. 13 vorbeigekommen zu sein, allerdings ohne das Opfer bemerkt zu haben."

„Naja..."

„Ich weiß, Inspektor, das gefällt Ihnen nicht. Die beiden geben sich gegenseitig ein Alibi, aber was soll ich dagegen tun? Im Moment kommen wir hier nicht weiter. Und dazu kommt die mediale

Sprengkraft der Tyrons. Wenn ich einen von beiden ohne handfeste Beweise festsetze, dann kann ich den Rest meiner Karriere als Verkehrspolizist in irgendeinem verlorenen Nest in Alabama verbringen. Es tut mir leid, Sweeney, aber ich habe eine Frau und Kinder."

„Tja... Trotzdem, Vater Tyron interessiert mich sehr in dem ersten Mordfall, dem an Amanda. Vergessen Sie nicht, dass er für Schottland kein Alibi hat. Er hatte außerdem gute Gründe, sich der hübschen Mrs. Nelson ein für alle Mal zu entledigen. Wer weiß, vielleicht war die Geschichte zwischen ihr und Junior ernster, als es den Anschein hat? Übrigens, auch auf die Gefahr hin, mich zu wiederholen: Wenn wir den Mord an Buddy mal außen vor lassen, dann hätte, sobald die Geschichte mit Amanda erledigt gewesen wäre, nichts mehr dagegen gesprochen, dass Buddy seinen alten Platz an der Seite seines Sohnes wieder einnimmt. Vielleicht ist der Mord an Buddy nichts weiter als eine Vertragsverhandlung, die ausgeufert ist."

„Stopp, Sweeney! Das ist reine Spekulation."

„Kann schon sein, aber es könnte so gewesen sein."

„Selbst wenn es so gewesen sein könnte, wie Sie sagen, dann haben Sie nicht die Spur eines Beweises. Und ich könnte Ihnen noch ein Dutzend anderer Szenarios zusammenspinnen, wie es auch gewesen sein könnte. Also: Stopp!", rief ihn McDermott zur Ordnung.

„Gut, okay, und Samantha Tyron, was halten Sie von der, Lieutenant?"

„Ein heißer Feger, nicht wahr?... Entschuldigung, Sweeney, ein schlechter Scherz. Was das Alibi angeht, sie war den ganzen Abend an der Bar. In recht angenehmer Begleitung, wenn ich das richtig verstanden habe: Ein Filmproduzent, der sie für seinen nächsten Film engagieren will. Ohnehin kann sie dem Opfer die tödlichen Schläge nicht beigebracht haben. Und selbst wenn, auch wenn wir im Fall Amanda Nelson von Eifersucht als Mordmotiv ausgehen könnten, bei Buddy läge der Fall schon komplizierter… Sowieso ein komisches Paar“, bemerkte der Amerikaner.

„Warum sagen Sie das?“

„Na, was ist denn das für eine Beziehung: Sie schläft in ihrem eigenen Zimmer, während ihr Mann sich ein Zimmer mit seinem Vater teilt! Man merkt, dass Sie nicht verheiratet sind. Das ist eine unannehmbare Situation für eine Ehefrau. Nach der Geschichte mit den Fotos letztes Jahr… Aber wie auch immer! Auf jeden Fall scheint es so, als würden wir uns in dieser Richtung vom Mordfall Nelson entfernen.“

„Und abschließend wäre da noch der letzte, den wir befragt haben, Robby Elster. Was sagen Sie zu dem?“

„Routinezeuge, wenn Sie mich fragen. Hat bis zwanzig Uhr an der Bar auf seinen Caddie gewartet, ist dann ins Zimmer gegangen, um sich schlafen zu legen… Sie werden sagen, Elster hätte genug Zeit gehabt, zu Loch 13 zu gehen, um Buddy dort zu erschlagen. Aber wo ist das Motiv? Sein erster Tag in Augusta ist ausgezeichnet verlaufen, er lag auf Platz drei der vorläufigen Rangliste. Seit Ewigkeiten hatten er und Buddy nicht mehr solch einen Erfolg erzielt. Und um das zu feiern, bringt Robby ihn um? Das kann ich nicht glauben.“

„Ich auch nicht, wenn Sie das beruhigt. Elster wirkt auf mich eigentlich wie ein netter Kerl, aber..."

„Klick!"

„*Great Scott*!", rief Sweeney aus. „Schon zu Ende."

„Egal. Wir waren doch sowieso fertig, oder?"

„Und General Boyle, Lieutenant?"

„Wir haben es doch mit eigenen Augen gesehen. Während dieser vier Tage war es unmöglich, ihn länger als zehn Minuten am Stück in Beschlag zu nehmen. Ständig will irgendjemand etwas von ihm."

„Aber wenn unsere erste Hypothese stimmt", beharrte der Inspektor, „und wenn Buddy dahinter gekommen war, wer der Mörder seiner Frau war, könnte es nicht sein, dass der General zu der gleichen Schlussfolgerung gekommen ist? Immerhin sind nacheinander seine Tochter und sein Schwiegersohn ermordet worden. Es könnte ja theoretisch auch sein, dass diese Morde ihm schaden sollten."

„Das stimmt, aber sagen Sie mir eins: Wenn er einen Verdacht hat, warum kommt er damit nicht zu uns?"

„Ich habe keine Ahnung. Trotzdem, ich bedauere, dass wir ihn nicht..."

„Sweeney, Stopp! Zum letzten Mal, Stopp! Ich mag Sie, aber gehen Sie nicht zu weit. Sie wissen genau so gut wie ich, wer Boyle ist, und dass es uns als kleine Polizisten nicht zusteht, jemanden wie ihn zu einem Verhör einzubestellen, wie es uns beliebt. So läuft das eben nicht. Sie sind jung, Sweeney, Sie werden noch lernen, dass..."

„Ist ja gut, Lieutenant, hören Sie auf!", rief Sweeney gereizt. Doch sofort änderte er den Tonfall. Die Augen auf McDermott gerichtet, doch ohne ihn wirklich anzusehen, murmelte er: „Und wenn wir auf der völlig falschen Fährte sind? Ich müsste mal mit Tante Midge sprechen..."

„Was? Mit wem?" Der muskelbepackte Körper des Amerikaners schnellte hoch.

„Verzeihung, Lieutenant. Nichts, ich habe Selbstgespräche geführt. Das passiert mir manchmal."

„Ach so... Sagen Sie, Sweeney, ist es okay für Sie, wenn wir hier aufhören? Das Diktiergerät, schön und gut, aber ich muss noch den ganzen Papierkram für die obere Etage erledigen. Fragen Sie am Empfang nach Agent Dickinson, der fährt Sie zurück ins Motel. Auf Wiedersehen, Inspektor, und gute Nacht. Zerbrechen Sie sich nicht zu sehr den Kopf. Bis morgen um zehn Uhr, vergessen Sie das nicht!" Nach diesen Worten ließ Sweeney sich ein letztes Mal die Hand in dem beachtlichen Schraubstockgriff von McDermotts Händedruck zerquetschen.

Als er die Tür zum Büro seines Kollegen hinter sich schloss, überfiel Sweeney plötzlich ein wildes Gefühl innerer Unruhe: Der Gestank der Havanna hatte sich endgültig in seiner Kleidung, seinen Haaren und bis hin zu seiner letzten Sommersprosse in sämtlichen Poren seiner Haut festgesetzt! Verärgert wollte Sweeney sich für diese Demütigung rächen und schlug mit ganzer Kraft seinen Sand-Wedge in Georgias feuchte und schwere Atmosphäre. Zu seiner großen Überraschung entlockte seine wütende Geste der tropischen Südstaaten-Luft ein kurzes klagendes Zischen. Erfreut beschloss der Schotte, dass ihm diese wohl gefühlte Züchtigung Genugtuung verschafft hatte, und er entfernte sich erhobenen Hauptes von McDermotts verräuchertem Büro.

*

Auf dem Rücksitz des orangefarbenen Taxis fielen Sweeney die Augen zu. Die geraden, schachbrettartig angeordneten Straßen von Augustas Umland, die beschaulich an seinem Fenster vorbeizogen, schienen die Strecke zum National Golf Club in eine Aneinanderreihung von Landschaftspostkarten zu verwandeln.

Zu seiner Linken befand sich eine Siedlung mit zaunlosen Gärten, die auf den morgendlichen Besuch des Milchmanns warteten. Sie umgaben eingeschossige Bungalows mit weißen Fassaden, die riesig und unglaublich selbstsicher wirkten... Zu seiner Rechten befand sich eine Allee von Sassafrasbäumen, die auf eines dieser Anwesen zulief, dessen hohe Säulen so charakteristisch für die Zeit der ehemaligen Kolonialstaaten waren... Ganz verzaubert von diesem Anblick erwartete Sweeney jeden Augenblick, Scarletts blaues Kleid zwischen den Bäumen auftauchen zu sehen, gefolgt von dem leidenschaftlichen Schnauzbart eines Clark Gable...

„Hey, Sir!", richtete sich die Stimme seines schwarzen Fahrers an ihn. „Für den Golfplatz sind Sie ein bisschen spät dran. Heute ist Montag, die *Open* sind vorbei."

„Ich weiß, ich weiß...", brummte Sweeney verschlafen.

„Haben Sie's gehört?", fragte der Fahrer hartnäckig. „Micheal Krantz aus Chicago hat das Turnier gewonnen. Unglaublich, nicht? Vor den *US Open* hätte niemand auch nur einen Dollar auf diesen

Typen verwettet. Und Tyron Jr. ist noch nicht einmal unter den ersten zehn. Und Elster, der einfach abbricht... Zum Glück hat wenigstens ein Amerikaner gewonnen. Auch wenn es ein Yankee ist, aber da wollen wir uns mal nicht so anstellen, immerhin..."

„Ich weiß, ich weiß", antwortete Sweeney schläfrig, wobei er die Stimmlage seines Brummens etwas hob.

„Und Sie, Sir, Sie sind doch kein Amerikaner... Sie haben einen merkwürdigen Akzent. Kommen Sie aus Australien?"

„Nein, aus Schottland."

„Ach wirklich? Ich habe einen Cousin, der auch in Neuschottland lebt, in Halifax. Er ist Taxifahrer, genau wie ich... Na, das muss Ihnen aber komisch vorkommen hier, in Ihrem Land ist es ja ziemlich kalt!"

Er verwechselt Schottland und Kanada, dachte Sweeney bekümmert, als er den groben Fehler seines Fahrers bemerkte. *Aber es ist zu spät, um ihm eine Geographiestunde zu erteilen, wir sind schon da.* Der Inspektor warf einen schnellen Blick auf seine Armbanduhr: 7.30 am. *Genug Zeit, um mit Boyle zu sprechen – hoffentlich ist er noch da – und vor zehn Uhr zurück im Motel zu sein. Ich werde mir später überlegen, ob ich McDermott davon erzähle oder nicht.*

Auf Höhe des Klubhauses hielt das Taxi an.

„Warten Sie bitte hier auf mich? Ich bin in ungefähr zwanzig Minuten wieder da. Dann fahren wir zum Motel zurück, wo Sie mich eben abgeholt haben, okay?"

„Okay Boss“, bestätigte der schwarze Fahrer mit einem breiten Grinsen.

Den Sand-Wedge unter den Arm geklemmt wie ein englischer Offizier sein Offiziersstöckchen, den Schlägerkopf unter das Schlüsselbein gelegt, erklomm Sweeney entschiedenen Schrittes die Stufen, die zum oberen Stockwerk hinaufführten. Was er im Begriff war zu tun, war vollkommen wahnsinnig, doch er konnte sich einfach nicht dazu bringen, die USA zu verlassen, ohne General Boyle ein letztes Mal befragt zu haben. Der Inspektor hatte das Gefühl, dass dessen Aussage ihm den entscheidenden Hinweis für seine Ermittlungen liefern könnte, ohne den er unmöglich abreisen sollte...

Die Büros, die in den letzten vier Tagen von der quirligen Geschäftigkeit der jungen Mitarbeiter der PGA erfüllt gewesen waren, lagen nun still und verlassen da. Nur Boyles Sekretärin am Ende des Flurs war noch damit beschäftigt, die letzten Briefe abzuheften.

„Guten Tag, Miss“, grüßte Sweeney. „Ist General Boyle anwesend?“

„Äh.. Ja“, erschreckte sich die junge Frau, als sie den rotbärtigen Mann vor sich auftauchen sah.

„Danke!“, und ohne ihr auch nur Zeit zum Protestieren zu lassen drückte Sweeney die schwere polierte Holztür auf, die ihn vom Chef des mächtigsten Sportverbands der Welt trennte.

„Ach... Sie sind noch da?“, empfing ihn Bolye, der gerade mit dem ausgiebigen Studium der *New York Times* beschäftig war.

„Ja, General, ich fliege heute Mittag nach London zurück, aber vor meiner Abreise hätte ich Ihnen gerne noch ein paar Fragen gestellt."

„Ich glaube nicht, dass wir einen Termin miteinander hatten, junger Mann", sagte Boyle, während er seine Zeitung zusammenfaltete und zog seine verärgerte Stirn in Falten.

„Das stimmt, General, allerdings war ich davon ausgegangen..."

„Los, setzen Sie sich. Ich gewähre Ihnen zehn Minuten. Was wollen Sie wissen?"

„Ja, also ich..."

„Haben Sie Zeitung gelesen? Krantz' Sieg war den Sportzeitungen noch nicht einmal eine Titelstory wert. Stattdessen berichten sie darüber, dass Doug Payne, der Baseballspieler der Rangers, in den Ruhestand geht. Können Sie sich das vorstellen?"

„Äh..."

„Ach ja, ich vergaß. Sie sind Schotte, und das sagt Ihnen nichts... Dabei habe ich versucht, den Medien die Lebensgeschichte von Krantz, diesem Looser, zu verkaufen, der wiederaufersteht um die *Championships* zu gewinnen. Aber das interessiert sie nicht. Das Aschenputtel in der Welt des Golfsports, alles für die Katz! ... Und so ganz nebenbei kostet uns diese Geschichte mal wieder eine Stange Geld. Immerhin bin ich meinen Partnern gegenüber zur Rechenschaft verpflichtet, und... Oh, Verzeihung. Kommen wir lieber dazu zurück, was Sie hierher führt. Also?"

„General, ich möchte Sie darauf hinweisen, dass mein Besuch nicht den Vorschriften entspricht und Sie daher in keiner Weise verpflichtet sind, auf meine Fragen zu antworten, und dass Sie..."

„Mir egal. Sie haben Mut, das gefällt mir. Also?"

„Ich muss Ihnen leider gestehen, dass, selbst wenn wir verschiedenen Theorien nachgehen, wir immer noch keine konkrete Spur verfolgen, um einen Zusammenhang zwischen den beiden Morden herzustellen. Außerdem werden unsere Ermittlungen dadurch erschwert, dass Buddy in den USA umgebracht wurde, und Ihre Tochter in Schottland. Die Zusammenarbeit der Polizei, das wissen Sie selbst, ist nicht immer einfach."

„Hmm...", brummte es aus Boyles ungeduldig dreinschauendem Gesicht.

„Mir persönlich erscheint es wahrscheinlich", fuhr Sweeney fort, „dass es sich in beiden Fällen um den gleichen Täter handelt."

„Ja, dann finden Sie ihn, junger Mann! Dafür werden Sie doch bezahlt, oder nicht?"

„Sicher, sicher... General Boyle, könnten Sie mir bitte sagen, wo Sie sich letzten Donnerstag aufgehalten haben, gegen zwanzig Uhr?"

Auf diese Frage reagierte der General zunächst mit einem entsetzten Schweigen. Doch sobald sein Gehirn ihm bestätigt hatte, was dieser ... Grünschnabel mit der milchig-bleichen Haut und den nachlässig gekämmten Bartstoppeln da gerade gewagt hatte zu fragen, ließ er seinem Zorn plötzlich freien Lauf: „Miss Stamp!", brüllte er und richtete sich hinter seinem Schreibtisch auf. Der über sechzigjährige Vulkan war zum Ausbruch gelangt.

„Ah, dieser Vollidiot!", brodelte es aus ihm heraus, wobei er Sweeney mit Blicken erwürgte. Kriegt noch nicht einmal hin herauszufinden, wer meine Tochter und meinen Schwiegersohn umgebracht hat, taucht ohne Ankündigung hier auf, und das alles, um mich zu fragen, wo ich zu dem Zeitpunkt war, als Buddy ermordet wurde! ... Miss Stamp!“

Sweeneys Finger umklammerten fest den Griff seines Sand-Wedge als letztes Bollwerk zu seiner Verteidigung gegen die Furie Boyle, die ihn zu zermalmen drohte.

„Miss Stamp! Erzählen Sie diesem Schnösel, was ich letzten Donnerstag um zwanzig Uhr gemacht habe!“

„Die verschreckte Sekretärin überlegte einen Moment lang und stammelte dann: „Also... Wie üblich, General. Wir haben die offiziellen Pressemeldungen vorbereitet, die Reihenfolge festgelegt, in welcher die Spieler am nächsten Tag antreten sollten... Sie hatten auch noch Besuch von...“

„Wann haben wir das Büro verlassen, Miss Stamp?“, donnerte der Berserker.

„Oh, nicht vor dreiundzwanzig Uhr! An den ersten Turniertagen gibt es ja so viel zu tun.“

„Das wäre dann alles, Margaret“, entließ Boyle seine Sekretärin. „Und Sie hauen jetzt ab, Inspektor Wie-auch-immer-Sie-nochmal-hießen. Sie können sich glücklich schätzen, dass ich keine Anzeige gegen Sie erstatte, und nun machen Sie sich endlich an die Arbeit: Ich möchte Sie daran erinnern, dass ich immer noch nicht weiß, wer meine Tochter und meinen Schwiegersohn auf dem Gewissen hat. Raus jetzt!“

*

Zehn Minuten später, als er wieder auf dem Rücksitz des orangefarbenen Taxis saß, das ihn zu seinem

Motel zurückbrachte, sinnierte Sweeney, dass er soeben die größte Dummheit seiner kurzen Karriere begangen hatte. Aufgewühlt und gedankenverloren wie er war, prallten sämtliche Kommentare seines gesprächigen Fahrers während der gesamten Fahrt an ihm ab.

Als er seine Fahrt bezahlte, schwor Sweeney sich, McDermott seine unglückselige Initiative zu verschweigen. Doch noch während er sich in Richtung seines Zimmers vom Parkplatz entfernte, ging ihm ein aberwitziger Gedanke durch den Kopf, der von einem unglaublichen Optimismus herrührte: *Letzten Endes, Archie, hast du doch erfahren, was du wissen wolltest, oder etwa nicht? Und vielleicht sogar ein wenig mehr...*

Aufgemuntert durch diesen unerwarteten Hoffnungsschimmer wirbelte Sweeney seinen Golfschläger herum, wie Charly Chaplin seinen Gehstock.

Treffsicher zerschmetterte er eine unschuldige Blume und setzte sich dann, einen Marsch der *Black Watch* [1] pfeifend, in Bewegung...

---

[1] Die *Black Watch* ist das älteste Kilt tragende Regiment der britischen Armee und bekannt für seinen schwarzen Tartan und seine Dudelsackkapelle.

AM *CUT* SCHEITERN

Und schon wieder ein Büro, in dem mir eingeheizt werden wird, fuhr es Sweeney durch den Kopf, als er die Hand hob, um unter der Plakette mit der Aufschrift *Kommissar M. Wilkinson* anzuklopfen.

Bevor er das unvermeidbare Gewitter über sich hineinbrechen ließ, erlaubte der junge Inspektor sich eine letzte Überlegung anzustellen: *M? Wie heißt der Chef eigentlich mit Vornamen? Mike, Malcom, Max... Murray, wie Großvater Sweeney... Oder vielleicht ja sogar, Mickey, wie Mickey Rooney! Immerhin sieht er ihm so wahnsinnig ähnlich!* Aufgeheitert durch diesen letzten Gedanken fand er schließlich den Mut, seine Anwesenheit kundzutun.

„'rein!", bellte die Stimme seines Vorgesetzten.

Als er in die bereits elektrifizierte Stimmung des Raums eintrat, fiel Sweeney augenblicklich die unnatürliche Haltung der Hände des Kommissars auf. Dessen zwei große, flach auf die Tischplatte gelegten Pranken konnten nichts Gutes verheißen.

„Setz'n Sie sich hin. Was ist das da?"

„Ein Golfschläger."

„Dacht' ich mir... Wo kommt der her, ist das etwa ein Souvenir?"

„Gewissermaßen. Buddy Nelson hat ihn mir am Tag seines Todes gegeben."

„Hmm... Sind Sie mit sich zufrieden, Inspektor?"

„..."

„Als Sie aufgebrochen sind, gab es eine Leiche, und fünf Tage später haben Sie eine zweite im Gepäck... Ein vielversprechender Anfang!"

„Kommissar, ich habe mit dem amerikanischen Kollegen darüber gesprochen, und..."

„Mir scheißegal!", explodierte Wilkinson. „Sie haben keine Vorstellung davon, was ich seit fünf Tagen von meinen Vorgesetzten zu hören kriege! Wenn jetzt auch noch die Presse Wind von dem Zusammenhang zwischen den beiden Morden kriegt, dann ist die Sache erledigt! *Ich* bin dann erledigt, *Sie* sind dann erledigt, die ganze Abteilung ist dann erledigt! Zum Glück ist jetzt August, und in den Redaktionsräumen sitzen nur ein paar verschnarchte freie Mitarbeiter! Amateure wie Sie halt!", wobei Wilkinson den armen rotbärtigen Streuner, den er immerhin höchstpersönlich nach Georgia beordert hatte, mit Blicken tötete.

„Tja, es ist ja klar, dass für Sie die Sache an dieser Stelle beendet ist, Inspektor", fuhr der Kommissar fort. „Rogers und McNeel übernehmen den Fall ab Donnerstag. Ihr vermaledeites Diktiergerät können Sie einpacken, das verspreche ich Ihnen!"

Sweeney nahm diese Nachricht auf, ohne mit der Wimper zu zucken.

„Das einzige, worum ich Sie bitte, bevor ich Sie zu ihren Kleinkriminellen zurückschicke ist, dass Sie mir einen brauchbaren Bericht über Ihren desaströsen USA-Aufenthalt liefern. Und zwar mündlich! Sie haben fünf Minuten, Inspektor, ich höre!", schloss Wilkinson schroff.

Trotz der immensen Ungerechtigkeit der Vorwürfe, die auf ihn niederprasselten, konnte Sweeney sich nicht von dem Gefühl freimachen, dass die Situation gar nicht so schlecht für ihn aussah. Es war offensichtlich, dass sein Vorgesetzter sich alle Mühe gab, seinen jungen Inspektor einzuschüchtern, doch dass dieses Imponiergehabe ausschließlich dem Zweck diente, dessen eigene Unsicherheit angesichts eines Falls, der seit dem Mord an Buddy Nelson deutlich an Sprengkraft gewonnen hatte zu verbergen. Nein, selbst wenn er es versuchte, Sweeney konnte sich Mickey Rooney einfach nicht in der Rolle eines Bösewichts vorstellen...

„Also, Kommissar", begann der Inspektor schüchtern: „Der Mord an Amanda Nelsons Ehemann in den USA legt uns zwei mögliche Szenarien nahe..."

„Drauf geschissen!", wurde er von Wilkinson unterbrochen. „Das haben Sie mir bereits am Telefon erzählt. Was ich jetzt brauche, Inspektor, das ist ein Motiv. Es ist doch ganz einfach: Ein plausibles Szenario, gestützt von einem *MO-TIV*!", wiederholte der Kommissar, wobei er jede Silbe einzeln betonte. „Jetzt hören Sie mal auf mit Ihrem Blabla, ich will von Ihnen wissen, in welche Richtung Ihre Nachfolger ermitteln sollen. Verstanden? So etwas muss man Ihnen doch an der

Polizeischule beigebracht haben, oder haben Sie da den Unterricht geschwänzt? So, Sie haben jetzt noch vier Minuten."

Wilkinson will wissen, in welche Richtung ermittelt werden soll? überlegte Sweeney. *Gut, warum nicht, ich kann ihm eine vorschlagen. Wer weiß, mit etwas Glück ist es vielleicht die richtige.*

Der Inspektor öffnete den Mund um zu antworten, doch im selben Moment ergriff sein unbeirrbarer Spürnasen-Instinkt die Führung und wandelte seine Antwort in eine Frage um... Nichts zu machen. Es war wie bei seinem Hund Berthie, wenn er einmal den Geschmack der Ratte im Mund hatte, war er durch nichts zum Loslassen zu bewegen!

„Das bedeutet also, ich habe den *Cut* verpasst?"

„Hä?", quiekte Wilkinson.

„Das ist der Begriff, den Golfer verwenden, wenn sie nach den ersten zwei Runden eines Turniers nicht weiterkommen. Wissen Sie, Kommissar, solange die letzte Runde nicht zu Ende gespielt worden ist, ist das Turnier noch nicht verloren."

„Verschonen Sie mich mit Ihren Weisheiten, Sweeney. Mit diesen kümmerlichen Ausflüchten werden Sie mich nicht davon überzeugen können, den Fall in Ihren Händen zu lassen."

„Erlauben Sie mir, wenn ich bei diesem Bild bleibe, es dient mir zur Illustration der Situation. Bevor er das Turnier in Augusta gewonnen hat, hat Michael Krantz gerade so mit Ach und Krach am Abend des zweiten Spieltages den Cut geschafft. Und trotzdem hat er am Sonntag mit sechs Schlägen Vorsprung das Turnier gewonnen! Er hat die Löcher von Tag zu Tag besser gespielt, und am letzten Tag ist er als bester Spieler aus dem Turnier hervorgegangen."

„Ich verstehe immer noch nicht den Zusammenhang."

„Kommissar, wenn Sie jetzt ein neues Team auf den Fall ansetzen, dann ist das bereits das Dritte innerhalb von einem Monat. Die Ermittler müssen wieder bei null anfangen. Und bis sie sich in den Fall eingearbeitet haben, gibt es vielleicht schon wieder ein neues Opfer."

„Was wollen Sie damit sagen?"

„Ich will damit sagen, dass es ohne eine gute Kenntnis der geschlossenen Golfszene und ihrer wichtigsten Akteure – und ich versichere Ihnen, da handelt es sich um ziemlich illustre Gestalten – nicht möglich sein wird, diesen Fall zu lösen. Ich bin davon überzeugt, dass der Prozess, der durch den Mord an Amanda Nelson in St Andrews angestoßen wurde, durch den Mord an ihrem Mann keineswegs beendet ist. Wissen Sie, Kommissar, die Leute, die ich in Georgia getroffen habe, leben in einer anderen Welt. Sie jetten das ganze Jahr über von einem Kontinent zum anderen und kennen weder Grenzen noch Gesetze. Die einzigen Regeln, die für sie gelten, sind die Regeln des Golfsports. Das bedeutet, solange wir diese Regeln nicht vollständig beherrschen, solange wir nicht wissen, wer sie kontrolliert, solange werden wir nicht verstehen, warum Amanda und Buddy Nelson sterben mussten. Wir werden auch nicht verhindern können, dass in einigen Tagen in Irland nicht ein neues Verbrechen geschieht... Kommissar, lassen Sie mich nicht am Cut scheitern!"

Am Ende seines Plädoyers angelangt schwieg der Rotbart, während er das Urteil seines Vorgesetzten erwartete.

Mit einem Ruck löste Wilkinson seine Hände von der Schreibtischplatte und stützte sie auf die Oberschenkel. Sweeney hatte das Gefühl, dass diese Geste der Ausdruck einer Entscheidung war, zu der er nach gründlicher Überlegung gekommen war. Nach einigen unendlich erscheinenden Sekunden schweifte der Blick des Kommissars zum Telefon, als wäre er im Begriff, neue Anweisungen zu erteilen. Schließlich blickte er Sweeney fest in die Augen, wobei er jedes einzelne noch unausgesprochene Wort bereits zu bereuen schien: „Drei Tage... Sie erhalten von mir ein dreitägiges Mandat für Irland... Aber bevor Sie fahren, Sweeney, möchte ich, dass Sie wissen, warum ich Sie hinschicke: Sie fahren nach Irland, um mir den Mörder festzunageln... Tyron Vater, Tyron Sohn, wen Sie wollen, aber kommen Sie mir nicht mit leeren Händen zurück, Sweeney! Drei Tage, um den Täter festzunageln, haben Sie mich verstanden? So, und jetzt raus mit Ihnen, Inspektor!"

Sweeney war klar, dass er seinem Vorgesetzten kein Wort des Dankes auszusprechen brauchte. Mit einem Satz sprang er aus dem abgewetzten Sessel und beeilte sich, die Tür hinter sich zu schließen, bevor der Kommissar seine Meinung ändern würde. Sein erstes Grinsen riskierte er erst im Korridor.

Er nahm den Golfschläger von der Schulter und betrachtete ausgiebig den merkwürdigen Kopf des Sand-Wedge: *Tja, ein merkwürdiger Hammer, um jemanden festzunageln...* Dann lief er los, Bart voran, um seinen Kollegen die Neuigkeit zu berichten.

*

Bücher und schmutzige Kleidung machten sich gegenseitig den wenigen Platz streitig, der nicht bereits von den selbst zusammengeschraubten Baumarkt-Möbeln eingenommen wurde. Den Bereich um die Spüle herum hatten die verstreut durcheinander liegenden Reinigungsmittel und abgelaufenen Lebensmittel in ein undurchdringliches Niemandsland verwandelt. Inspektor Sweeneys Ein-Zimmer-Wohnung bot dem seltenen Besucher das Gefühl, eine riesige umgekippte Schublade zu betreten.

Einzig das viktorianisch inspirierte Fenster vermittelte der gedrungenen Wohnung an der Ecke zur George Street die Illusion, dass es einen Ausweg aus der Unordnung gab. Sein hoher, strenger Bogen gab den Blick frei auf die Türme des Edinburgher Schlosses sowie der umliegenden Paläste, die sich in den verhangenen Himmel erstreckten und deren Silhouetten sich im kalten Wasser des Firth of Forth widerspiegelten.

Sweeney hatte sein Schlafsofa in Richtung dieses schwachen schottischen Lichts ausgerichtet, das selbst mitten im Sommer nicht ausreichte, um die dicken Steinmauern des Gebäudes aufzuwärmen. Doch es war sinnlos darauf zu hoffen, mit seinen mageren Polizistenbezügen eine größere oder besser gelegene Wohnung zu finden; die Mietpreise erreichten in der Hauptstadt Höhen, die selbst für die eifrigsten Beamten im Land der Distel unerschwinglich waren.

In diesem Durcheinander lebte der Inspektor eingerollt wie eine Raupe in ihren Kokon und schien immun gegen derartige Überlegungen. Seine

Aufmerksamkeit war von den Bewegungen der Tabellen gefangengenommen, die unablässig auf dem Bildschirm seines Laptops angezeigt wurden. Indem er die Spalten mit den Überschriften „Alibis“ oder „Motive“ auf der rechten Seite mit den Spalten „Zeugen / Verdächtige“, „Zeit“ oder „Ort“ auf der linken Seite gegenüberstellte, quälte der rotbärtige Inspektor sich schon seit einigen Stunden schweigend damit ab, die gewagtesten Kombinationen im Zusammenhang mit den Morden an Amanda und Buddy Nelson zusammenzustellen und wieder zu verwerfen.

Doch nach und nach hatte er feststellen müssen, dass auch seine brillantesten Assoziationen keinen Sinn ergaben, und am Ende brachte ihn selbst die Gleichgültigkeit der am Fenster vorbeiziehenden grauen Wolken zum Verzweifeln. Sein Hirn war erschöpft vom vielen Spekulieren, als er plötzlich die Lösung gegen sein ergebnisloses Grübeln fand: „Verdammter Mist!“, schrie er, und das Laptop flog mit Schwung gegen die Lehne des Schlafsofas.

Nichts zu machen, grübelte Sweeney. *Sobald ich die Elemente korrekt anordne, ergeben sie automatisch die Ermittlungsstrategie vor, wie Wilkinson sie von mir fordert... Und wenn er am Ende recht hat, immerhin ist die Erfahrung auf seiner Seite... Aber warum kann ich mich dann nicht damit zufrieden geben? Mache ich mir mit Absicht das Leben schwer, oder habe ich einfach nur Angst, mich zu irren?... So, ich rufe jetzt Tante Midge an, das hilft mir sicher*, und schon sprang Sweeney zu seinem Mobiltelefon.

„Hallo Tante, ich bin’s, Archie.“

„Archie! Von wo aus rufst du an? Bist du aus den USA zurück?“

„Oh, Verzeihung, Tante Midge! Ja, seit zwei Tagen.“

„Du hättest mich früher anrufen sollen, Archie, ich habe auf dich gewartet. Du hattest doch gesagt, dass du Berthie bei deiner Rückkehr abholen wolltest? Dein Hund fragt sich, ob du ihn vergessen hast. Am Ende wird er es Dir übel nehmen, weißt du.“

„Du hast recht, dies ist das erste Mal, dass ich ihn so lange alleine lasse. Aber ich habe schon wieder Neuigkeiten.“

„Ach ja? Hast du die Lösung für deine Mordfälle gefunden?“

„Äh... Nein, Tante. Jedenfalls *noch* nicht. Ich muss in die Verlängerung gehen. Ich fahre nach Irland.“

„Wie bitte? Aber wohin denn dort, Archie?“

„Ballybunion, in der Nähe von Tralee, an der Westküste. Dort findet das nächste internationale Golfturnier statt. Ich habe es geschafft, den Kommissar zu überzeugen. Er gestattet mir ein zusätzliches dreitägiges Mandat, vom dritten bis zum fünften September.“

„Aber das ist ja schon nächste Woche!“

„Ja, Tante, und deswegen... Naja, könntest du Berthie vielleicht noch acht Tage länger bei dir behalten?“

„Selbstverständlich. Aber hattest du mir nicht erzählt, deine Kollegen sollten dich nächsten Monat ablösen?“

„Doch, aber erst nach meiner Rückkehr aus Irland. Ich hatte Glück... Wilkinson hat mich wegen des Mordes an Buddy Nelson fast umgebracht, aber letzten Endes konnte ich den Chef überzeugen, dass ich am besten geeignet bin, um in diesem Fall Licht ins Dunkel zu bringen. Ich freue mich über seine Entscheidung. Aber andererseits..."

„Ja, was ist denn, Archie?"

„Was mir am meisten Sorgen macht, Tante Midge, ist, dass fast alle Leute, auf die ich treffe, mit großer Wut auf mich reagieren. Rasende Wut, ich versichere es dir. Ich weiß nicht, warum oder weshalb, aber es ist fast immer das gleiche. Ich muss dir gestehen, dass ich langsam an mir zu zweifeln beginne."

„Das liegt daran, dass du so freimütig bist, Archie, das ist alles. Du warst schon immer so... Weißt du noch, als du zu Mister Coleman, dem Bäcker, gesagt hast, dass er dir immer zu wenig Wechselgeld zurückgibt? Oder als du deinem Lehrer, dem alten Wallace, bewiesen hast, dass er Diana Springs immer bessere Noten gegeben hat als dir, selbst als ihr die Arbeiten ausgetauscht habt?"

„Da war ich zehn Jahre alt, Tante! Seitdem habe ich ..."

„Ja, mag sein", unterbrach sie ihren Neffen. „Aber weißt du, der Charakter ändert sich nicht so ohne Weiteres."

„Na gut, Tante, ich will dich nicht weiter stören, aber ich..."

„Du störst mich nie, Archie. Wie geht es denn mit deinen Ermittlungen voran?"

„Tja... Ich habe den Eindruck, auf etwas gestoßen zu sein."

„Und darüber freust du dich gar nicht?"

„Es erscheint so naheliegend, Tante Midge... Irgendwie zu naheliegend... Weißt du, in der Regel läuft es in der Realität nicht so glatt... Und es könnte auch immer noch sein, dass es nicht ein, sondern zwei Mörder sind. Das kann man nicht definitiv ausschließen... Darf ich dir die Sache erzählen?"

„Wie immer, Archie, du weißt doch, dass ich nichts ausplaudere."

„Ja, ich weiß... Der Vater von Will Tyron, Tyron Senior, erinnerst du dich an den?"

„Der große Lockenkopf, der dich zum Teufel gejagt hat, obwohl er noch nicht einmal ein Alibi für St Andrews hat?"

„Genau der... Ich bin alle möglichen Szenarien in alle möglichen Richtungen durchgegangen, aber ich komme immer zum gleichen Ergebnis. Alles scheint sich um ihn zu drehen."

„Und, macht der Kerl dir Angst? Fürchtest du dich vor der Reaktion der Presse, wenn du ihn verhaften würdest?"

„Nein, eigentlich nicht. Ich verfüge über handfeste Haftgründe."

„Also, was ist dann das Problem, Archie?"

„Ja, also... mein Gefühl sagt mir, er war es nicht."

„Sag mal, mein Junge, für einen Inspektor klingt das aber nicht sehr professionell."

„Und das sagst gerade du mir, Tante Midge? Normalerweise bist du es doch, die mir immer sagt, ich soll meiner Eingebung vertrauen."

„Das stimmt, Archie, aber wenn du Zweifel hast, finde ich das in gewisser Weise eigentlich ganz beruhigend... Du hast doch noch genug Zeit bis September, nicht? Also führe sorgfältig deine Ermittlungen weiter, sammle methodisch alle Elemente, wie du es gelernt hast. Und dann, wenn du fertig bist, wenn du über alle notwendigen Informationen verfügst, dann kannst du dein

Bauchgefühl sprechen lassen. Und das ist recht sensibel, das weiß ich.“

„Na, wenn du das sagst, Tante Midge, du kennst mich immerhin am besten.“

„Das wird schon, Archie, mach dir keine Sorgen... Übrigens, ich bin vor drei Tagen am Gedenkstein deiner Eltern bei Crathes Castle gewesen und habe Blumen hingestellt. Reverend Davis war so freundlich, mich hinzufahren. Wir müssen mal den Stein saubermachen, das letzte Mal ist schon zwei Jahre her.“

„Danke, Tante, ich habe auch schon daran gedacht, als ich Anfang des Monats dort war... Gut, ich lege dann mal auf. Ich muss noch meine Wohnung aufräumen.“

„Ein weiser Entschluss, mein Junge!“

„Mach dich nicht über mich lustig, Tante... Ich rufe dich nächste Woche aus Irland an. Knuddele meine Berthie-Wurst von mir. Sag ihm, dass ich in acht Tagen zurück bin... Küsschen an Euch beide, und noch einen schönen Abend, Tante Midge. Bis bald!“

DREH NIE DEN RÜCKEN ZUM INSPEKTOR

Die Strahlen des anbrechenden Tages glitten über die Hügel der Grafschaft Kerry. Vom Licht angezogen fuhr ein kräftiger Atlantikwind pfeifend in das Mouth of Shannon, wobei er das Blau des Ozeans bis hinein ins Herz Irlands trug.

Schwermütig schlenderte Sweeney durch die Dünen und peitschte mit der Spitze seines Sand-Wedge über die Strandgräser hinweg.

Er fragte sich, woher diese merkwürdige Melancholie kommen mochte, die seine Seele beim Anblick dieser grasbewachsenen Hügel gefangennahm. Warum konnte er diesem eindringlichen Streicheln des Seewindes nicht widerstehen? Hatten ihm die Heide-Kobolde einen bösen Fluch auferlegt? War er dem Zauber der berauschenden Liebestränke erlegen, welche die Landschaft der grünen Erin[6] gebraut hatte?

---

[6] Erin = Personifikation von Irland

In der Tat war es allerdings einfach nur so, dass der Inspektor, während er hier auf das Meer blickte, an seinem Fall verzweifelte.

Er war am Tag zuvor in Tralee angekommen und sofort zum Büro von Inspektor O'Leary, seinem irischen Partner aufgebrochen. Die Kollegen aus der Grafschaft Kerry hatten ihre Hausaufgaben gemacht. Sobald die Profi-Spieler der PGA-Tour in Irland eingetroffen waren, hatten die Polizisten vor Ort ihnen gleich alle Fragen gestellt, die Sweeney ihnen vorgegeben hatte. Allerdings ohne Ergebnis.

Während Sweeney geduldig seinen roten Vollbart über jedes Protokoll beugte, das O'Leary ihm reichte, konnte er nur feststellen, dass deren Inhalt sich mit den Informationen deckte, die er bereits besaß. Die Ermittlungen drehten sich im Kreis. Die Alibis und die Zeugenaussagen schienen in Marmor gemeißelt. Nicht ein einziges Komma, welches der Inspektor nicht aus dem Gedächtnis hätte aufsagen oder niederschreiben können.

Da standen ihm nur drei Tage zur Verfügung, und die vielen Stunden, die er damit verbracht hatte, die Zeugenaussagen durchzuarbeiten, welche die Polizei von Tralee aufgenommen hatte, hatten ihm nicht zu einer einzigen neuen Erkenntnis verholfen! O'Leary zeigte Bedauern. Der erste Tag war bereits verloren...

Am Horizont war die Sonne schon aus ihren grünen Laken gekrochen, um sich auf die Heide zu erheben. Der Samstag begann, und mit ihm der dritte Turniertag von Ballybunion.

Enttäuscht, weil er nicht wusste, welche Fäden er noch ziehen sollte, um das verworrene Knäuel um die Morde an Amanda und Buddy Nelson zu entflechten, und auch um gegen die Leere in seinem Kopf anzukämpfen, hatte Sweeney letzten Endes beschlossen, zum ersten Mal an einem Turniertag zuzusehen. Ihm schien, als sei dies die letzte Möglichkeit, seiner frustrierten Spürnase wieder auf die Sprünge zu helfen.

Der Inspektor hatte in der vorausgehenden Nacht sehr schlecht geschlafen. Dies führte er zum Teil auf den Nord-West-Wind zurück, der unablässig die Fenster seines Hotelzimmers geohrfeigt hatte, doch noch mehr auf die Zweifel, die ihn quälten: *Bitte ich die Iren darum, dass wir Tyron Senior einbuchten? Sicher könnten wir das tun, wenigstens würde ich dann nicht mit leeren Händen zurückkommen, und Wilkinson wäre zufrieden... Aber was dann? Vater Tyron hat in diesem Land keine Straftat begangen, und welche Taktik soll man bei einer Persönlichkeit wie der seinen anwenden? Der Typ ist hart wie ein Felsblock... Und dann, wie soll man mit dem Druck der Medien umgehen, wenn die Neuigkeit publik wird? Je mehr ich darüber nachdenke, desto weniger gefällt mir diese Idee.*

Wütend riss Sweeney ein Büschel unschuldigen Grases aus. *Am Schlimmsten ist noch dieses Gefühl der Stille und Regungslosigkeit... Als könnte der internationale Golfzirkus vollkommen ungestraft Leichen in seinem Kielwasser hinterlassen... Und dennoch hatte ich heute Morgen schwören können, die Luft sei irgendwie elektrisch aufgeladen...*

Sweeney konnte spüren, wie sich seine Barthaare unter der verheißenden Liebkosung der Südwest-Winde aufrichteten. *So, ich werde mir trotzdem eine*

Golfrunde ansehen... Es interessiert mich zwar nicht besonders, aber ich habe im Moment auch keine Ahnung, was ich sonst machen könnte.

Seinen Weg durch die Dünen fortsetzend, ließ sich Inspektor Sweeney vom regelmäßigen Rauschen der Brandung und dem Gemurmel des Windes zum idyllischen Gelände des Ballybunion Golf Clubs zurückleiten.

*

„*Great Scott!*“, schimpfte Sweeney. Sein Fuß hatte sich plötzlich in einem der unzähligen Fernsehkabel verfangen, die auf dem Gelände herumlagen.

Er spürte, wie sein Körper durch den Schwung nach vorne taumelte und sein Bart sich rapide dem fruchtbaren Erdboden näherte. Doch im letzten Moment tauchte aus dem Nichts eine kräftige Hand auf und umklammerte seine Schulter. Dank dieses unverhofften Eingreifens gelang es Sweeney, sich wieder zu fangen, und die Würdelosigkeit und Lächerlichkeit eines Sturzes zu verhindern.

„Achtung, Inspektor! Sie hätten sich verletzen können“, ermahnte ihn freundlich die Stimme seines Retters. Kaum hatte er sich wieder aufgerichtet, erkannte Sweeney das Lächeln unter der Schirmmütze: Matthew Johnson!

„Vielen Dank, Mister Johnson! Ich schulde Ihnen etwas! Ohne Sie läge ich jetzt wie ein Käfer auf dem Boden. Diese verdammten Fernsehkabel! Hier ist ja alles voll davon!“

„Wenigstens nichts gebrochen, Inspektor? Na, dann muss ich jetzt weiter. In zehn Minuten geht's los, mit...“

Doch Sweeney ließ Matthew Johnson keine Zeit, seinen Satz zu beenden. Er war beim Entziffern des Namens aufgeschreckt, der in blauen Buchstaben auf dem Leibchen des Caddies abgedruckt war. Zu unglaublich war ihm erschienen, was er dort las...

„Verzeihung, aber... Sie spielen wieder für Robby Elster?"

„Ach ja, stimmt! Wussten Sie das nicht? Robby hat mich vor acht Tagen kontaktiert. Was für ein Glück! Ich war mir sicher, dass er es nicht lange ohne mich aushalten würde. Adios Valhermoso! Endlich hat es ein Ende mit den Almosen-Gagen." Doch sofort legte sich ein Schatten über das strahlende Lächeln des jungen Iren: „Wenn ich daran denke, dass ich das Buddys Tod zu verdanken habe..." murmelte er, und senkte den Blick, so dass der Schirm seiner Mütze einen Schatten auf seine Stollenschuhe warf.

Doch seine Mine hellte sich schnell wieder auf. Er ergriff Sweeneys rechte Hand und schüttelte sie heftig: „So, Inspektor, ich muss los. Robby fragt sich sicher schon, wo ich abgeblieben bin. Es wäre doch schade, wenn er jetzt nervös würde, wo er doch gerade zum Swing seiner besten Zeiten zurückgefunden hat."

„Ach wirklich? Wie meinen Sie das?"

„Haben Sie denn das Turnier nicht mitverfolgt?"

„Nein, ich bin erst gestern angekommen. Wissen Sie, ich und Golf..."

„Aber das grenzt ja schon an ein Verbrechen, das zu verpassen! Robby liegt seit gestern Abend in Führung. Kopf an Kopf mit Tyron Junior. Heute spielen wir die erste Runde gegen Will. Das ist schon seit über einem Jahr nicht vorgekommen. Da wird eine Masse Leute zugucken! ... Kommen Sie,

Inspektor, wenn Sie Lust haben, schauen Sie sich die Runde an: Unterhaltung und Spannung garantiert. Will und Robby werden sich ein Duell liefern wie in den guten alten Zeiten."

„Kann man Sie denn den ganzen Tag begleiten?"

„Natürlich. Gehen Sie einfach der Menschenmenge hinterher. Haben Sie denn noch nie ein Golfturnier gesehen?"

„Nein, noch nie."

„Na, für ein erstes Mal werden Sie sicher nicht enttäuscht werden. Die beiden weltbesten Spieler liefern sich ein Kopf an Kopf-Rennen auf dem schwierigsten Golfplatz, den man sich vorstellen kann – nicht schlecht, oder? Also, bis nachher, Inspektor!"

„Äh... Okay, Mister Johnson. Ich werde da sein, und viel..."

Mitten im Satz hielt Sweeney inne. Sein verflixter roter Bart erstarrte, und er schluckte schnell den Rest seiner aufmunternden Worte hinunter. Das letzte Mal, als er Buddy Nelson Glück gewünscht hatte, war der Spieler noch am selben Abend wie eine Stoffpuppe in einen muffigen Brückenbogen gestopft worden.

„Nun ja... Einverstanden", wiederholte Sweeney stattdessen dümmlich und winkte diesmal zum Gruß mit dem Kopf seines Sand-Wedge.

Erleichtert, das Fettnäpfchen umschifft zu haben, beobachtete der Polizist, wie die Caddies sich in Richtung des Startbereichs entfernten. Als Johnsons athletische Gestalt außer Sichtweite war, fühlte Sweeney, wie seine Neuronen wild zu arbeiten begannen: *Mist! Das haben die Kollegen aus Tralee vergessen, mir mitzuteilen! Nun ist also Matthew*

Johnson wieder Elsters Caddie! ... Was für ein hübsches Motiv für den Mord an Buddy! Vor allem wenn man bedenkt, dass, selbst wenn Johnson für Augusta ein Motiv hatte, Robby Elster alle Zeit gehabt hätte, zum Loch Nr. 13 zu laufen und Nelson den Schädel zu zerschmettern... Also doch zwei Morde und zwei unterschiedliche Motive? Buddy tötet seine Frau in Schottland, und dann wird Buddy umgebracht, um dessen Platz einzunehmen?

Sweeney hob seinen Blick zum Himmel und betrachtete die Wolken, die über den Ozean schwebten, um die sonnenbestrahlte irische Landschaft zu erfrischen. *Aber nehmen wir mal für einen Augenblick an, das Duo Johnson-Elster wäre auch verantwortlich für Amandas Tod... Welchen Grund könnten die beiden haben, sie umzubringen? Ich würde mal sagen, keinen... Und wenn Elster sich seines Caddies hätte entledigen wollen, hätte er auch einfach den Vertrag kündigen können – und zwar mit einem Federstrich, anstatt mit einem Schlag mit dem 7er Eisen!*

Sweeney seufzte tief. Fassungslos starrte er auf die Fernsehkabel, durch die er zufällig in Matthew Johnsons Arme geraten war. Bei dem Gedanken an seine endlosen und vergeblichen Spekulationen überkam ihn plötzlich eine unglaubliche Mattigkeit: *Ich schaffe es einfach nicht... Gibt es nun einen Mörder oder zwei, ein Motiv oder zwei, dies bleibt alles undurchschaubar... Bei jedem Szenario passt am Ende irgendetwas nicht ins Bild. Mir fehlt eine Art Schlüssel... Ich habe alle Elemente vor Augen, alles liegt vor mir ausgebreitet, methodisch und logisch angeordnet, und trotzdem kann ich nichts erkennen...*

Tante Midge hat recht, es wird Zeit, dass ich die Logik außen vor lasse und auf meine Eingebung lausche.

In diesem Augenblick trug der Seewind eine Brise unwiderstehlichen frischen Kaffeedufts an seine Nase. *Na gut, alles klar. Eine Tasse Kaffee, dann gehe ich mir die Golfpartie zwischen Elster und Tyron Junior ansehen. Ich fand sowieso, der Tag verlief bislang zu ruhig...* beschloss er. Und so stolzierte Sweeney drauflos, den Arm versteift durch den Griff seines Sand-Wedge, so würdevoll wie ein Offizier Ihrer Majestät am Buckingham-Palace.

*

Matthew Johnson hatte nicht zu viel versprochen: Was für ein Menschenauflauf! Hunderte von Männern und Frauen, Alt und Jung, drängten sich am Abschlag des ersten Lochs. Ganz Südirland schien hier versammelt zu sein, um *dem* Duell des Jahres zwischen den beiden besten Golfern der Welt beizuwohnen.

Brav standen die Zuschauer hinter mit Werbebanderolen verhängten Absperrungen in Form eines riesigen Hufeisens, dicht aneinandergedrängt und schweigend. Im Fokus ihrer Aufmerksamkeit: Vier Männer. Sweeney erkannte Elster und Tyron Junior, die durch die perfekt gebügelten Hosenfalten noch größer wirkten, begleitet von ihren Caddies Matthew Johnson und Jack Powell.

Gelassen unterhielten sich die beiden Gespanne hinter den Abschlagsmarkierungen, wobei sie über die Windstärke oder die Bespielbarkeit des Platzes fachsimpeln, aber sich vielleicht auch den neusten

Irland-Witz erzählen mochten. Jedenfalls warteten sie nur noch auf das Zeichen zum Start, um ihre Runde zu beginnen.

Den in luftiger Höhe auf bedenklich instabil wirkenden Metallgestellen angebrachten Linsen der Fernsehkameras entging keine Sekunde dieser trügerisch entspannten Stimmung. Hinter dem glamourösen Lächeln der beiden Champions glaubte Sweeney den intolerablen Druck wahrzunehmen, den die Spieler zu verbergen versuchten. *Echte Profis*, dachte Sweeney anerkennend. *Die haben wirklich Nerven aus Stahl. Die besten Schauspieler könnten es nicht besser machen...*

Plötzlich beschlich Sweeney das unangenehme Gefühl, dass er beobachtet wurde. Den Bruchteil einer Sekunde lang ließ er seinen Blick über die Zuschauerreihen schweifen und hielt dann an einer mit Werbebannern geschmückten Ecke inne. Vorne in der ersten Reihe stach der massige Körper weithin sichtbar aus der Menschenmenge heraus: Tyron Senior und sein Schnauzbart, der einem barbarischen Krieger würdig gewesen wäre, starrten den Inspektor an.

Die lebhaften Augen des Amerikaners drückten ein so deutliches Verlangen aus, ihm das Gesicht zu skalpieren, dass Sweeney unwillkürlich erschauerte. *Tja,* versuchte er sich durch einen Scherz zu beruhigen, *wir sollten schnell einen neuen* Hadrian's Wall *bauen, um Schottland vor diesem Wilden zu beschützen! Brr...* Dann wandte der Inspektor den Blick ab.

Ein Mitglied der Wettspielleitung im grünen Anzug gab den Spielern ein Zeichen, dass der vorangehende Flight nun weit genug entfernt war.

Nun konnte es losgehen. Sofort wich der entspannte Ausdruck aus Robby Elsters Gesicht und er drehte sich zu Matthew Johnson um. Er richtete einige Worte an ihn und ergriff den riesigen Golfschläger, den sein Caddie ihm reichte. Dann begab er sich zum Abschlag. Die Menschenmenge verstummte. Einzig das Schlagen der Wellen in der Ferne war noch zu hören.

Elster beugte sich vor und legte sorgfältig seinen Ball auf einen lächerlich kleinen roten Plastiknagel. Bevor er abschlug, wiederholte er drei- oder viermal seine Geste, wobei er mit so gewaltigen Schwüngen die Luft zerschnitt, dass Sweeney nicht anders konnte, als mit ihm mit zu fiebern. Dann näherte sich der Spieler dem Ball. Zunächst senkte er gemächlich die Schulterlinie ab, dann schien sich sein Körper blitzartig zusammenzurollen, wobei sein Schläger durch die Drehung Maximalgeschwindigkeiten erreichte. Und noch bevor Sweeneys Bewusstsein die Bewegung überhaupt wahrgenommen hatte, spürte der Inspektor, wie der Ball pfeifend losflog und augenblicklich am leuchtend grünen Horizont des Fairways verschwand.

Nach zwei Sekunden absoluter Verblüffung riss der aufbrandende Applaus Sweeney aus seiner Erstarrung. Aus den „Ohs“ und „Ahs“ um ihn herum schloss er, dass Robby Elster soeben mit Perfektion seinen dritten Turniertag begonnen hatte. Nun wieder entspannt lächelnd kehrte die Nummer Zwei der Weltrangliste in den Wartebereich zurück und übergab Matthew Johnson sein leistungsstarkes Arbeitswerkzeug.

Doch kaum hatte die Menge Zeit, den Moment auszukosten, da wurde es erneut still und Tyron Jr. trat nun seinerseits vor.

Gelassen legte Tyron Jr. die wenigen Yards zurück, die ihn vom Abschlag trennten. Als er seinen Ball auf das Tee legte, war Sweeney plötzlich erstaunt festzustellen, dass der Spieler ihm... den Rücken zuwandte!

Ohne den Blick von der Szenerie abzuwenden, krallte sich Sweeney in den nächstbesten Ärmel, den er zu fassen bekam: „Hey, was ist das denn! Was macht er denn bloß? Er wird den Ball in die verkehrte Richtung schießen, wenn er so spielt!"

„Psst!" lautete die einsilbige Antwort seines unbeirrten Nachbarn.

Keine drei Sekunden später hatte Tyron Jr. seinerseits seinen Abschlag gemacht und vom Publikum die gleichen Zufriedenheitsbekundungen erhalten wie Robby Elster vor ihm.

Plötzlich wurde Sweeney sich bewusst, dass er den Ärmel seines Nachbarn noch nicht losgelassen hatte. Verwirrt entließ er den unbekannten Arm in die Freiheit. Erst jetzt stellte er fest, dass dieser zu einem älteren irischen Herrn gehörte: Unter einer dicken Tweedmütze umrahmten zwei makellos frisierte Koteletten ein vornehmes Gesicht. Der Anzug des Mannes, aus dem gleichen Stoff wie seine Mütze, schien Zeuge eines Lebens zu sein, das in Würde mit dem Bestellen des Bodens verbracht worden war. Auch das überraschend stilbrechende Paar Gummistiefel konnte der rauen Würde seiner Erscheinung, Ausdruck ehrenhaftester Traditionen, nichts anhaben.

Ohne in Anbetracht von Sweeneys hartnäckigem Klammergriff auch nur ein Fünkchen seiner stoischen Gelassenheit einzubüßen, führte der Gentleman-Farmer den aufdringlichen bärtigen Rotschopf von der Menge der Zuschauer weg: „Sagen Sie mal, junger Mann! Sie sollten lernen, dass man den Mund hält, wenn ein Spieler sich auf die Ballansprache konzentriert!", wies ihn der alte Kenner kühl zurecht.

„Es tut mir leid, Sir!", verteidigte sich der Schotte. „Ich bin zum ersten Mal bei einem Wettkampf dabei... Äh, was bedeutet *Ballansprache*?"

„Na, das ist die Position, die der Spieler kurz vor dem Schlag einnimmt. Wussten Sie das nicht?"

„Ähm... Nein. Ich verstehe nichts vom Golf."

„Und ich hätte gedacht, mit Ihrem Sand-Wedge über der Schulter..."

„Ach, das? Das ist ein Geschenk, ich könnte ihn noch nicht einmal ordentlich benutzen."

„Nun gut. Wenn Sie erlauben, ich werde jetzt gehen, die Spieler sind unterwegs zu ihrem zweiten Schlag. Ich möchte das ungern verpassen."

„Einen Augenblick, bitte. Können Sie mir erklären, warum Tyron Jr. uns den Rücken zugedreht hat, bevor er abgeschlagen hat?"

„Aber er hat uns doch nicht den Rücken zugedreht, der Mann ist einfach Linkshänder. Also spielt er auf der entgegengesetzten Seite vom Ball, mit Schlägern mit umgekehrtem Schaft."

„Sagen Sie das nochmal!", rief Sweeney aufgeregt.

„Sehen Sie her!" Sein Gegenüber wurde langsam ungehalten, in Anbetracht einer derartigen Unkenntnis des elementarsten Golf-Basiswissens. „Ihr Sand-Wedge zum Beispiel, das ist ein

Rechtshänder-Schläger, damit stellen Sie sich rechts vom Golfball auf. Dann befindet sich der Kopf Ihres Schlägers rechts vom Schaft. Verstehen Sie?“ Zur Illustration hielt der alte Mann Sweeney den mit einem S markierten Schläger unter die Nase. Dann fuhr er fort: „Sehen Sie? Bei einem Linkshänder ist es genau anders herum.“

„Häh? Aber wie...“ stammelte der Inspektor.

„Ich sagte Ihnen, dass...“

„Ja, ja, ich habe Sie schon verstanden“, unterbrach ihn der Rotbärtige, und sein Blick verlor sich in der entgegengesetzten Richtung als der, welche die Spieler und das Publikum eingeschlagen hatten.

Der Ire beschied, dass sein junger Gesprächspartner soeben die Grenzen dessen überschritten hatte, was diesseits von Connemara noch als gute Manieren bezeichnet werden konnte und beschloss, diesen unverbesserlichen Banausen, dessen Weg er durch einen unglücklichen Zufall gekreuzt hatte, einfach stehenzulassen.

Sweeney hingegen war in Gedanken bereits weit vom Ballybunion-Golfplatz entfernt. Immer wieder ging er innerlich Doktor McInchrees Zeichnungen und die Röntgenbilder durch, die ihm Doktor Bride aus Augusta geschickt hatte... In beiden Fällen waren die Abdrücke der Schläger sowie der Schäfte auf Fleisch und Knochen der Opfer sichtbar geblieben. Er erinnerte sich genau, dass Amanda Nelson von hinten, und ihr Mann Buddy von vorne erschlagen worden waren. Allerdings konnte er sich nicht mehr an die genaue Form der Spuren erinnern, welche die Mordwaffen jeweils hinterlassen hatten.

Und dann, plötzlich, die Erleuchtung: *Great Scott! Ich habe die Bilder doch auf meinem Laptop! Es ist eine Leichtigkeit zu überprüfen, ob wir es mit einem Rechts- oder einem Linkshänder zu tun haben. Danach kann ich mit Sicherheit einen Großteil meiner Verdächtigen ausschließen... Vor allem, wenn die Spuren von einem Linkshänder stammen! Drücken wir die Daumen...* Den Sand-Wedge unter den Arm geklemmt sprintete Sweeney in Richtung seines Hotels davon. Unerklärlicherweise spürte er bereits, wie eine finstere Vorahnung in seinem Nacken zu kribbeln begann...

Keine zehn Minuten später schreckte die Empfangsdame im Hotel hinter ihrem Tresen auf, als sie einen hechelnden Mann mit rotem Bart in der Eingangshalle auftauchen sah, der merkwürdigerweise einen Golfschläger mit sich herumtrug. Ohne dem Aufzug auch nur einen Blick zu würdigen lief der Bewohner von Zimmer 207 die Treppen hinauf. Anstatt sie gesittet zu öffnen, warf Sweeney sich gegen die schwere Holztür zu seinem Zimmer. Fieberhaft riss er das Laptop aus seiner Tasche und verbrauchte seinen letzten Rest Geduld damit, darauf zu warten, endlich seine Dateien öffnen zu können. Schließlich gelang es ihm, mit nervösem Klicken die Zeichnungen des Rechtsmediziners aus Dundee auf dem Bildschirm anzuzeigen.

Aufgeregt besah sich Sweeney jedes Detail, verglich die Bilder genauestens mit dem Kopf seines Sand-Wedge, deutete in der Luft einige Swing-Bewegungen an, um sich seiner Schlussfolgerungen zu vergewissern, und stieß schließlich laut und heftig ein erstes „Shit!“ aus.

Mit immer stärker zitternden Fingern suchte der Inspektor nun nach den Röntgenbildern von Buddy Nelsons Schädel, betrachtete, gestikulierte, und verfluchte erneut seine wertvolle, aber doch so späte Entdeckung: „Shit! Shit! ... Noch ein Linkshänder!“

*

Auf die Gefahr hin, sich den Hals zu brechen, rannte Sweeney die Treppe hinunter, immer vier Stufen auf einmal nehmend, in der einen Hand seinen Sand-Wedge, in der anderen einen USB-Stick. Die Empfangsdame erstarrte vor Schreck, als erneut der völlig aufgeregte rotbärtige Mann vor ihr auftauchte.

„Fräulein! Einen Drucker! Sie haben doch sicher einen Drucker?“

„Selbstverständlich, Sir. Äh... Hier, in dem kleinen Büro links“, gab die junge Frau zu und hoffte, auf diese Weise diesen für ein Vier-Sterne-Etablissement viel zu aufgeregten Kunden beruhigen zu können.

„Danke!“, rief der Inspektor ihr zu und verschwand in dem beschriebenen Raum. Ohne sich die Zeit zu nehmen, sich hinzusetzen, steckte Sweeney den USB-Stick in den Computer und misshandelte dann so lange die Maus, bis der Drucker ein erstes Blatt ausspuckte. Nervös trommelte er mit den Fingern auf der Tischplatte, bis das Gerät ihm endlich die beiden Seiten mit der Liste aller Personen geliefert hatte, die bei beiden Morden in St Andrews und Augusta anwesend gewesen waren.

Noch bevor der Drucker den letzten Tintenstrahl auf das Blatt sprühen konnte, riss Sweeney das Dokument heraus und stürmte aus dem Büro, um mit seinem Vollbart wieder vor der zunehmend beunruhigten Empfangsdame aufzutauchen:

„Fräulein! ... Äh... Ach, nichts, danke!“, überlegte er es sich dann plötzlich anders. Vor dem Eingang zum Hotel hatte Sweeney einen Hünen mit Schirmmütze und orangefarbenem Leibchen erspäht: *Ein Caddie!* freute sich der Inspektor und eilte flammenden Barthaars, Sand-Wedge und Ausdrucke in der Hand nach draußen, zur großen Erleichterung der Empfangsdame.

Ein Verrückter! dachte die junge Frau überzeugt.

„Sir! Sir, bitte!“, rief Sweeney laut in Richtung des Caddies. Der Mann sah einen rothaarigen Tornado mit fiebrigen Wangen auf sich zu stürmen.

„Sir, können Sie mir sagen, wer auf dieser Liste Linkshänder ist?“, bat ihn der Inspektor und hielt ihm die beiden druckfrischen Blätter unter die Nase. Der Caddie war so überrascht, dass es ihm noch nicht einmal einfiel zu widersprechen und machte sich an die Arbeit. Sein Zeigefinger begann, die Reihen entlangzufahren. „Warten Sie... Nein, nein... Interessieren die Caddies Sie auch?“

„Ja! Ja, Sie haben recht... Ja, die Caddies auch.“

„Gut, dann fange ich noch einmal von vorne an. Das dürfte ohnehin schnell gehen. Im internationalen Golfsport gibt es nur wenige Linkshänder. Merkwürdig, nicht? Aber so ist es eben. Also, nein... nein... Hier, dieser hier: Olsson.“

„Wer ist das?“

„Ein Spieler, ein Schwede. Seit zwei Saisons läuft es für ihn nicht mehr so gut. Ohne die Wildcards wäre er, glaube ich, nicht mehr dabei. Er scheint bei der PGA einen Stein im Brett zu haben... Nein... nein, nein... Ah, es gibt noch eine zweite Seite?“

„Ja, es stehen aber nur fünf oder sechs Namen darauf.“

„Aha... Nein, nein, und nein. So, das war’s!“, verkündete das zufriedene Grinsen des Caddies. Enttäuscht und an der Kompetenz seines Gegenübers zweifelnd wagte Sweeney den Einwurf: „Und Tyron Junior?“

„Ach ja, natürlich! Aber ich dachte, das wüssten Sie. Dass die weltweite Nummer Eins ein Linkshänder ist, das weiß doch jeder.“

„Nein. Ich nicht.“

„Wirklich? Tyron Jr. ist sogar der erste Linkshänder in der Geschichte des Golfs, der es an die Spitze der Weltrangliste gebracht hat. Das hat es vorher noch nie gegeben. Deswegen ist es eigentlich allgemein bekannt.“

„Ok, und sein Vater? Tyron Senior?“

„Weswegen interessiert Sie denn das?“

„Sein Vater!“ Sweeney ließ nicht locker. „Ist der auch Linkshänder?“

„Nein, Rechtshänder. Das muss übrigens das Einzige sein, bei dem ihm nicht gelungen ist, es an seinen Sohn weiterzugeben.“

„Ich verstehe. Dann vielen Dank, Sir, und... noch weiterhin ein gutes Turnier!“ Der Inspektor nahm seine Blätter wieder an sich und wandte sich zum Gehen.

Mit Grauen musste die Empfangsdame feststellen, dass der überhitzte Kunde schon wieder an ihren Tresen zurückgekehrt war.

„Ihr Telefon! Darf ich?“, fragte Sweeney und griff ohne eine Antwort abzuwarten nach dem eleganten weißen Hörer.

„Aber, Sir...“

„Polizei! Es ist dringend, Fräulein“, erklärte sich der aufgeregte Mann. „Hallo! Geben Sie mir Inspektor O’Leary... Hier spricht Inspektor Sweeney. Sagen Sie ihm, dass ich vom Ballybunion Golf Club aus anrufe. Ja, ich warte... O’Leary? Hier Sweeney! Ich habe etwas herausgefunden, der Täter ist Linkshänder... Ja, ja, beide Morde, kein Zweifel. Die Schlägerabdrücke auf den Schläfen... Nein, so viele nicht, ein einziger Verdächtiger... Nein, der nicht... Nein, nein, das hätte zwar sein können, aber er ist es nicht. Höher... Doch, doch, wirklich, noch höher... Bingo! Will Tyron Junior, das ist überraschend, nicht wahr? Ich muss zugeben, ich selbst habe auch noch Probleme, mir das vorzustellen. Wir müssen das sowieso nochmal besprechen, aber er hatte mit Sicherheit Komplizen... Ja, wir sehen es ja dann... Gut, dann sind wir uns also einig? Wir gehen wie geplant vor? ... Alles klar... Mit wie vielen Kollegen werden Sie kommen?... Okay, das erscheint mir ausreichend. Keine Sirenen, ja? Wir müssen so diskret wie möglich vorgehen, wegen des Fernsehens... Ja, natürlich... Ich gehe ohnehin davon aus, dass er keinerlei Widerstand leisten wird, der Überraschungseffekt... Treffen wir uns am Ende der Bahn, am achtzehnten Loch? ... Einverstanden, wir warten in aller Ruhe ab, bis er seine Bahn zu Ende gespielt hat. Dann folgen wir ihm und verhaften ihn, geschützt vor den Blicken von Presse und Publikum... Ja, zunächst einmal nur ihn... Danke, Inspektor. Bis gleich!“ Als Sweeney auflegte, blickte die Empfangsdame ihn mit weit aufgerissenen Augen an. „Wollen Sie etwa Will Tyron Jr. verhaften?"

„Achtung, Fräulein! Absolutes Stillschweigen. Sie haben nichts gehört. Wenn nur die kleinste Kleinigkeit durchsickert, dann versichere ich Ihnen, dass ich Sie... "

„Oh nein, ist gut! Sie können mir vertrauen, ich behalte das für mich."

„Dazu möchte ich Ihnen raten, es handelt sich um einen Kriminalfall... Und noch vielen Dank!" Mit diesen Worten entfernte sich der Inspektor vom Tresen, wobei er der Empfangsdame ein von einem roten Bart überbordendes Lächeln zuwarf.

Doch im selben Augenblick schien Sweeneys Adrenalinspiegel massiv abzusinken. Plötzlich fühlte er sich außerstande, noch einen einzigen Schritt zu gehen. Völlig erschöpft sank er schlaff in den weichen Komfort des Sofas, das in der Empfangshalle stand.

Der Inspektor war überrascht über diesen plötzlichen Energieabfall. Gleichzeitig war er sich jedoch bewusst, dass ihm die bevorstehende Verhaftung von Will Tyron Jr. einiges an Energie abverlangen würde, daher beschloss er, sich eine kurze Pause zu gönnen. Der Schotte profitierte von der gedämpften Stille in der Empfangshalle, um seinen Gedanken freien Lauf zu lassen: *Tja, dann war er es also... Dieser miese Dreckskerl, und mich hat er noch dazu so von oben herab behandelt... Trotzdem komisch, ich habe nie das leiseste Zögern in seinen Antworten bemerkt. Andererseits habe ich eben an Loch Nr. 1 selbst gesehen, über welch außerordentliche Selbstbeherrschung er verfügt... Trotzdem, dieser Dreckskerl! Amanda muss in St Andrews versucht haben, ihn zurückzuerobern. Vielleicht hat sie ihn ja wirklich geliebt... Aber was ist dann mit seinem Alibi? Hat Jack Powell gelogen? Schon möglich, Will hatte Geld genug, um sein Schweigen zu erkaufen. Beihilfe zum Mord, Jack. Pech gehabt... Und Buddy? Er könnte erraten haben, was passiert ist. Was für ein Dummkopf, hätte er lieber mit mir darüber gesprochen. Dann wäre er heute noch am Leben. Er hat in Augusta bestimmt Will auf dem Golfplatz zur Rede gestellt. Der war in Begleitung seines Vaters, und die Sache ist aus dem Ruder gelaufen. Der arme Buddy!... Aber in dem Fall hat diesmal der Vater gelogen. Dies könnte auch erklären, warum er mich vorhin so angesehen hat... Nun, Wilkinson wird zufrieden sein. Habe ich genug Zeit, um ihn anzurufen und ihm die gute Nachricht zu übermitteln?*

Sweeney warf einen Blick auf seine Uhr: *Tja, zehn Minuten, um zum Golfplatz zurückzulaufen, dann fünf Minuten, um sich am 18. Loch mit O'Leary zu treffen und... Great Scott! Eine Viertelstunde! Dann werden die Leute aus Tralee ja vor mir eintreffen!*

Wie von einer Horde irischer Taranteln gestochen sprang der Inspektor durch die Halle, wobei er beinahe die sich automatisch öffnende Tür zertrümmert hätte. Er lief nach rechts, hielt inne, lief dann nach links, den Bart im Wind und den Golfschläger unter dem Arm.

Ein Verrückter! stellte die Empfangsdame erneut konsterniert fest. *Und dazu noch ein Verrückter, der einfach unmöglich aussieht!*

VON BÄLLEN UND BALLISTIK

„O'Leary!", rief der Rotbart atemlos.

„Immer mit der Ruhe, Sweeney, es ist alles in Ordnung", beruhigte ihn der irische Inspektor mit belustigtem Augenzwinkern.

„Ich hatte befürchtet, ich komme zu spät...", hechelte der Schotte, als er das Gelände des achtzehnten Lochs erreicht hatte.

„Es hätte auch nicht viel gefehlt. Das Duell Elster - Tyron Jr. steht kurz vor seinem Abschluss. Schauen Sie, man kann die beiden Spieler dort hinten auf dem Fairway sehen, sie sind höchstens hundertfünfzig Yards entfernt. Ihre Bälle liegen schon auf dem Green. Zwei tolle Schläge, muss ich schon sagen!"

„Dann war es tatsächlich höchste Zeit... Sind alle auf ihrer Position?"

„Die Wagen haben wir abseits des Klubhauses geparkt. Ich habe nur Leute in Zivil dabei, um keine Aufmerksamkeit zu erregen. Sobald Tyron Jr. seine Autogramme gegeben hat, nehmen wir ihn fest und führen ihn dann diskret durch die Hintertür ab." Dann fügte O'Leary hinzu: „Sagen Sie, Sweeney, ich hoffe, Sie sind sich Ihrer Sache sicher? Denn falls..."

„Ach kommen Sie, O'Leary, was riskieren Sie im schlimmsten Fall? Eine Versetzung nach Kerry?" Der schottische Inspektor grinste ihn an.

„Tja... Ich schätze mal, eine Versetzung ins Ministerium!", lachte der Ire auf. „Sie haben recht, Sweeney, es gibt keinen Grund, sich durch die Berühmtheit des Klienten einschüchtern zu lassen. Wobei, sobald die Presse Wind davon bekommt..."

„Aber ganz im Gegenteil, O'Leary, die Journalisten werden ihre helle Freude daran haben. Stellen Sie sich vor, wir bieten ihnen eine einmalige Schlagzeile: ‚Will Tyron Junior wegen Mordes an den Eheleuten Nelson verhaftet!' Das ist für die doch ein Geschenk des Himmels. Und im gleichen Atemzug verhelfen wir dem Golfplatz von Ballybunion zu noch größerer Bekanntheit, denken Sie nicht?"

„Ja, in gewisser Weise. Aber ich muss Ihnen gestehen, dass ich höchst erleichtert sein werde, wenn das Vögelchen erst einmal hinter Schloss und Riegel sitzt und diese ganze Geschichte vorbei ist.

„Ich auch", gab Sweeney zu.

O'Leary wechselte das Thema: „Da sind sie, sie nähern sich dem Green. Schauen Sie nur, da ist ein richtiges Meer von Zuschauern um sie herum. Das sind Hunderte... Die Rivalität zwischen Elster und Tyron Jr. begeistert immer noch die Gemüter. Wenn die Leute eine Ahnung hätten, dass dies das letzte Mal ist, dass die beiden weltbesten Spieler sich auf dem Golfplatz gegenüberstehen..."

„Sagen Sie, O'Leary, haben Sie den Großen dort rechts gesehen?", unterbrach Sweeney ihn.

„Ja, Tyron Senior."

„Wir müssen zusehen, dass wir ihn von der Verhaftung seines Sohnes fernhalten. Wenn er in diesem Moment dabei ist, wird er uns gehörig dazwischen funken."

„Kein Problem, ich werde meine Leute vorwarnen."

„Und da, der Mann direkt daneben, erkennen Sie den?"

„General Boyle, den großen Chef der PGA? Das ist der einzige Zeuge, den wir seit seiner Ankunft in Irland nicht geschafft haben zu verhören."

„Das wundert mich gar nicht, so beschäftigt wie der Big Boss ist... Der könnte nachher auch empfindlich in Rage geraten. Wir geben der Eingreiftruppe grünes Licht, sobald der General wieder in seinem Bürotrakt verschwunden ist. Wenn er zu früh erfährt, dass Tyron Junior der Mörder seiner Tochter und seines Schwiegersohns ist, steht zu befürchten, dass er Selbstjustiz verübt."

„Glauben Sie wirklich?"

„Ich habe ihn in den USA bereits einmal wütend erlebt. Ich versichere Ihnen, dass man sich in diesem Fall besser nicht in seiner Gegenwart aufhält... Ah, da sind die Spieler", unterbrach Sweeney sich mitten im Satz.

Begleitet von ihren beiden Caddies gingen Elster und Tyron Jr. gemächlichen Schrittes auf das Green des achtzehnten Lochs zu. Hinter ihnen teilte sich die Menge, um sich zu beiden Seiten des kurzgeschnittenen Rasens aufzustellen. Wie in einer religiösen Prozession marschierte das Publikum am Rand des Greens entlang, das wie eine grüne Olive mit einem Fähnchen gespickt war und umschloss es dann in ihrer Mitte, wobei die Zuschauer in ehrfurchtsvoller Innbrunst einen Kreis bildeten.

Nun trennten sich Elster und Tyron Jr, und jeder beugte sich konzentriert über seinen eigenen Ball.

Elster schien im Vorteil zu sein. Sein weißer Ball lag höchstens ein Yard vom Loch entfernt.

„Ein Kinderspiel für einen Spieler dieses Niveaus", kommentierte O'Leary im fachmännischen Tonfall des Amateurs.

Tyron Jr. hingegen musste noch ungefähr fünfzehn Yards über das von der Natur geformte, schwer bezähmbare Green spielen. Mit bedauerndem Blick bedeutete er Elster, dass er noch Zeit zum Nachdenken benötigte. Er bot somit seinem Rivalen die Gelegenheit, als Erster zu spielen. Robby Elster nahm die großzügige Geste seines Gegners an und trat vor.

O'Leary beugte sich an Sweeney's Ohr: „Ich hoffe, Elster werden nicht die Hände zittern."

„Wieso das?", fragte der Schotte.

„Bevor ich gekommen bin, habe ich die Runde im Radio mitverfolgt. Die beiden haben sich den ganzen Tag über Schlag für Schlag nichts geschenkt. Schauen Sie auf die Anzeigetafel da hinten. Nach drei Turniertagen liegen die beiden immer noch gleich auf. Wenn Elster seinen Putt einlocht und Tyron Jr. seinen verfehlt, dann liegt Elster heute Abend um einen Schlag vorne. Das wäre vor Beginn des letzten Turniertages ein entscheidender psychologischer Vorteil gegenüber Tyron Junior."

„Nur, dass er den morgen gar nicht mehr nötig haben wird, um ihn zu schlagen", bemerkte Sweeney.

O'Leary blickte den Inspektor plötzlich mit niedergeschlagener Miene an. Der Schotte hatte ihn soeben aus einem herrlichen Wachtraum gerüttelt.

Doch so schnell wollte der Ire seinen Traum nicht loslassen. Er wisperte: „Achtung! Elster spielt jetzt, der wird problemlos reingehen."

Mucksmäuschenstill beobachtete die Menge, wie der kleine weiße Ball auf direktem Weg in Richtung der Mitte des Lochs flog, um dann... plötzlich zu stoppen! Und genau auf dem Rand des Lochs liegenzubleiben! Ein erstauntes „Ahhh..." erscholl aus allen Richtungen. Selbst der benachbarte Ozean schien einen Moment lang in seiner Bewegung innezuhalten.

„Das gibt's doch nicht!", stöhnte O'Leary. „Elster ist verflucht. Er wird Tyron Jr. niemals schlagen!"

Trotz seiner Enttäuschung beugte sich Robby Elster langsam vor und legte eine winzig kleine Münze an die Stelle, an der sein Ball liegengeblieben war. Dann entfernte sich der Spieler ohne ein Wort, um die Konzentration seines Gegners nicht zu stören.

Sweeney konnte nicht umhin, ihn zu bewundern: Dies war, was die Golfer als Sinn für Etikette bezeichneten. Den besaß Elster zweifellos, stellte der Inspektor fest.

Gebannt vor Spannung kommentierte O'Leary weiter: „Jetzt ist Tyron Jr. dran. Nun steht er aber richtig unter Druck. Wenn es ihm gelingt, seinen Putt einzulochen, dann liegt er um einen Schlag vorne. Aber das ist alles andere als einfach, sein Ball liegt fünfzehn Yards vom Loch entfernt. Bei diesem buckligen Green und noch dazu bei diesem Wind..."

Der Ire spürte plötzlich den mitleidvollen Blick seines Kollegen auf sich ruhen. „Ach ja, stimmt ja, ich vergaß. Es nützt sowieso nichts mehr... Trotzdem, wie schade. Wir hätten uns morgen ein herrliches Duell ansehen können."

„Ich muss zugeben, dass ich selbst beginne, bei dem Spiel mitzufiebern. Es ist bedauerlich. Hoffen wir, dass Tyron Jr. wenigstens ein letzter schöner Golfschlag gelingen wird."

„Sie werden sehen", entgegnete O'Leary enthusiastisch. „Tyron Jr. ist beeindruckend auf dem Green. Beim Putting kann die geringste störende Bewegung desaströse Auswirkungen auf die Flugbahn des Balles haben: Das kann eine falsche Atmung sein, eine unabsichtliche Kopfbewegung, Ihr Blick, der aus Reflex den Schlag verfolgt, und schon ist alles dahin. Vor allem bei fünfzehn Yards Entfernung. Aber Tyron bewegt sich nicht einen Millimeter, solange sein Ball nicht definitiv eingelocht ist. Er wartet so regungslos ab wie eine Statue. Er verharrt geduldig... Ich versichere Ihnen, fast in Totenstarre. Erst wenn er seinen Ball am Boden des Lochs aufschlagen hört, erwacht er wieder zum Leben. Und es klingt unglaublich, aber Tyron Jr. ist so ein guter Golfer, dass er fast immer den Ball aufschlagen hört... Achtung, es geht los!"

*

Tyron Juniors Ball flog bereits durch die Luft. Sweeneys Blick verfolgte seinen hüpfenden Verlauf. Die Hunderte von Zuschauern sahen ebenfalls gebannt zu, wie der weiße Ball über den kurzgeschorenen Rasen glitt. Vor ihren

Fernsehgeräten folgten mit Sicherheit noch Millionen weiterer Augenpaare wie hypnotisiert dem unentschiedenen Verlauf der Plastikkugel weit weg auf einem irischen Rasen...

Noch zehn Yards. Der Ball rollte gemächlich über die Kurven des Greens und verfolgte unbeirrt die geheimnisvolle Strecke, die Tyron Junior für sie bestimmt hatte.

Jetzt noch acht Yards. Der Ball rollte immer noch. Sweeney beobachtete jede Drehung um dessen nicht ganz perfekte Achse. Er folgte der Unebenheit des Geländes, als besitze er einen eigenen Willen, als sei er von einer Ungeduld beherrscht, endlich am Boden des Lochs anzukommen...

Nur noch fünf Yards. Der Ball hörte einfach nicht auf zu rollen. Nur noch drei Yards, der schicksalshafte Augenblick rückte näher. Zwei Yards, nein! Er rollte zu weit nach rechts... Ein Yard, die letzten Zoll Rasen... war es etwa möglich, dass diese letzte Kurve ausreichen würde, um... Das Geräusch! Das befreiende Geräusch! Der finale Aufprall des Balls! Jaaa!

Die Menge brach in Jubel aus. Die Schreie schienen in den Himmel aufzusteigen, um dann in schallenden Wellen auf das Meer zurückzufallen. Ein Putt über fünfzehn Yards! Tyron Jr. hatte es geschafft. Sweeney fühlte sich von der allgemeinen Begeisterung mitgerissen und konnte ein lautes „Yeaah!“ nicht zurückhalten. Seine Arme flogen in die Höhe und ließen seinen Sand-Wedge Kreise in der Luft vollführen, die von gefährlichem Ausmaß für die Schädel seiner umstehenden Nachbarn waren.

Sweeney war dem magischen Charme der kleinen weißen Plastikkugel verfallen. Er hatte sich an diesem Nektar berauscht, den nur die echten Golf-Größen zu destillieren vermochten.

Kaum hatte er sich von seiner Ekstase erholt, verspürte sein roter Vollbart das Bedürfnis, sich bei dem Autor dieses großen Glücksmoments zu bedanken. Er wandte sich zu Tyron Jr. um, um ihm Beifall zu spenden...

Doch ihm bot sich ein erschreckender Anblick! Mit einem Schlag verstummten die Bravorufe der Zuschauermenge. Die Kameras erstarrten vor Schreck.

Die Arme unter dem Körper verschränkt, lag Will Tyron Jr. auf der Erde. Sein Kopf badete in der Lache einer Flüssigkeit, deren leuchtendes Rot eine Beleidigung für das perfekte Grün des Rasens war. Übertönt durch die Jubelschreie war unbemerkt eine zweite Kugel auf das Green aufgeschlagen...

Plötzlich brach in der Menge ein unbestimmter Lärm aus. Tyron Senior sprang herbei, wobei er sich durch den ersten Rang der Zuschauer kämpfte. General Boyle eilte ebenfalls hinzu, um den reglos am Boden liegenden Spieler so schnell wie möglich in Sicherheit zu bringen. Robby Elster, Powell und Johnson kamen zu Hilfe gelaufen, gefolgt von den Sanitätern des Sicherheitsdienstes. Die Männer mit dem roten Kreuz auf der Kleidung knieten rasch neben dem Opfer nieder, wobei sie Tyron Seniors in sich zusammengesunkene Schultern unsanft zur

Seite stießen und unverständliche Befehle brüllten, die im allgemeinen Tumult untergingen. Der blutige Kopf des Spielers verschwand unter ihrer eilig geleisteten Hilfe aus dem Blickfeld der schockierten Menge.

Die ganze Szene hatte nicht mehr als zehn Sekunden gedauert. O'Leary und Sweeney sahen sich bestürzt an. Dann schrie Sweeney plötzlich auf: „Olsson!"

„Was, Olsson?", wiederholte O'Leary. „Was soll das sein: Olsson?"

„Rufen Sie Ihre Leute, O'Leary! Schicken Sie sie sofort zum Organisationsbüro. Wir müssen herausfinden, wo Sven Olsson untergebracht ist!"

„Aber was reden Sie denn da, Sweeney? Sie..."

„Beeilen Sie sich, O'Leary! Ich erkläre Ihnen das später."

„Nein, warten Sie..."

„Jetzt schicken Sie Ihre Leute da hin, sage ich Ihnen! Olsson ist der Mörder. Er hat eben geschossen, da bin ich mir sicher! Sobald wir herausgefunden haben, wo sich sein Zimmer befindet, können wir ihn so schnell wie möglich festnehmen. Wir müssen unbedingt verhindern, dass er sich seiner Waffe entledigt. Wir müssen auch sein Auto durchsuchen, wenn er eins hat... Wenn wir uns beeilen, können wir ihn uns schnappen. Er rechnet bestimmt nicht damit, dass wir ihm so schnell auf die Spur kommen."

„Und was ist mit Tyron Junior?"

„Hier sind genug Leute, um sich um ihn zu kümmern, finden Sie nicht? Ich hoffe nur, dass der Schütze ihn nicht tödlich getroffen hat... Olsson hat uns gegenüber nur einen kurzen Vorsprung. Wir haben schon genug Zeit verloren! Rufen Sie Ihre Truppe zusammen, O'Leary, und zwar schnell!"

Die beiden Inspektoren bahnten sich einen Weg durch die wie betäubt dastehende Menschenmenge und sprinteten dann Kopf an Kopf in Richtung des Klubhauses.

Hinter ihnen schickte sich die irische Sonne bereits an, in dem ungetrübten Blau des Atlantiks zu versinken.

*

Zweiundzwanzig Uhr dreißig. Seit nun schon zwei Stunden schritt Sweeney unablässig die fahlen Gänge des Kommissariats von Tralee ab. Einzig das träge Licht einer Neonlampe leistete ihm noch Gesellschaft.

Plötzlich tauchte Inspektor O'Leary aus dem Verhörraum auf. Der Schotte brannte darauf, die Ergebnisse dessen Konfrontation mit Sven Olsson zu erfahren und eilte ihm entgegen:

„Und, was hat er gesagt?"

„Kein einfacher Klient..."

„Was soll das heißen?"

„Naja, er gibt zu, geschossen zu haben, das immerhin... Aber was den versuchten Mord angeht..."

„Mord", korrigierte Sweeney umgehend. „Tyron Jr. ist noch auf dem Weg ins Krankenhaus gestorben. Ich habe es erfahren, kurz nachdem Sie mit dem Verhör begonnen haben."

„Damit war zu rechnen", kommentierte O'Leary nüchtern.

„Sagen Sie, wie soll er sich denn aus der Sache herausreden“, rief Sweeney aufgebracht, „bei dem, was wir bei ihm gefunden haben!“

„Ja, natürlich. Wenigstens was das angeht, macht Olsson keine Schwierigkeiten. Das Gewehr AK47, das Zielfernrohr, die Munition – er gibt zu, das alles in seiner Golftasche versteckt zu haben. Er hat mir erklärt, dass er seit seiner Ankunft in Irland nach einem Präzisionsgewehr gesucht hat. Als er gefunden hatte, wonach er suchte, sei er nach Dublin gefahren und hätte sich das Zubehör bei einem Liebhaber von Kriegswaffen gekauft... Nichts einfacher als das.“

„Natürlich... Geben Sie zu, dass wir Glück hatten, ihn so schnell in die Finger zu kriegen. Zum Glück interessiert sich einer Ihrer Leute für Golf und hat Olsson erkannt.“

„Ja, das war Jeffreys. Er hat Olsson beim Hineinstürmen ins Klubhaus gesehen und ihm die Handschellen angelegt, bevor dieser auch nur ‚Uff‘ sagen konnte. Dann hat Jeffreys auch gleich das Gewehr gefunden, das zwischen den Golfschlägern versteckt war... Olsson hat mir eben erzählt, dass er von dem allgemeinen Durcheinander profitieren wollte, um sich unbemerkt aus dem Staub zu machen und dann das Turniergelände zu verlassen... Sie hatten recht, Sweeney, Hut ab!“

„Oh nein“, die Wangen des Bärtigen überzogen sich mit einer bescheidenen Röte. „Es war eine einfache Schlussfolgerung. Reine Logik, nichts weiter, ich versichere es Ihnen“, rechtfertigte sich der Schotte.

Sweeney zog es vor, das Thema zu wechseln: „Übrigens, O'Leary, während Sie sich mit unserem schwedischen Freund unterhalten haben, waren unsere Dienste auch nicht untätig. Sehen Sie."

Der junge Inspektor faltete die Kopie eines schlecht gedruckten Faxes unter der Nase des Iren auseinander: „Das sind die ersten Ergebnisse der ballistischen Analyse", erläuterte der Schotte. „Lesen Sie: Das Auswurffenster befindet sich auf der linken Seite, was beweist, dass Olsson das Gewehr linkshändig bedient hat. Der Lauf des AK47 war noch warm. Es fehlt nur eine einzige Kugel im Magazin: Die Patronenhülse wurde am Boden von Olssons Golftasche gefunden. Und zu guter Letzt befinden sich Schmauchspuren an Händen und Wange des Schweden. Zusammen mit dem, was er Ihnen eben gestanden hat, ist der Kerl geliefert!"

„Genau", stimmte O'Leary zu. „Ohnehin hat er gleich zugegeben, vom ersten Stock des Klubhauses aus geschossen zu haben... Seine Runde war eine Stunde vor derjenigen von Elster und Tyron Jr. zu Ende. Er ist ins Hotel gegangen, um seine Waffe zu holen, hat sie in der Golftasche versteckt und hat sich dann auf der Toilette eingeschlossen. Seiner Aussage nach hat die letzte Kabine ein Fenster, das auf den Golfplatz hinausgeht. Wir werden das überprüfen... Er hat das Fenster aufgedrückt und hat dann geschossen."

„Das war schlau" konnte Sweeney nicht umhin festzustellen. „Zu diesem Zeitpunkt waren alle draußen, um das Ende des Turniers anzusehen. Ich nehme an, er hat auf den Lärm des Applauses gewartet, um seinen Schuss abzufeuern."

„Ganz genau. Niemand hat etwas gehört. Außerdem hat ihm auch Tyron Juniors legendäre Regungslosigkeit beim Putting in die Hände gespielt. Auf eine Entfernung von weniger als hundert Yards und mit einem Fernglas konnte er ihn genauso wenig verpassen, wie einen Elefant im Korridor eines Zuges."

„Das können Sie laut sagen!" Die Kugel hat Tyron Juniors Nacken durchschossen, er hatte absolut keine Chance... Hat Olsson Ihnen verraten, was er anschließend mit der Waffe machen wollte?"

„Ja, er hatte zwischen Tralee und der Küste ein Wäldchen gesehen. Sobald er den Golfplatz von Ballybunion verlassen hätte, wäre er in seinen Mietwagen gestiegen und hätte das AK47 dort vergraben. Bis wir das gefunden hätten... Und wer hätte ihn auch schon verdächtigt? Ohne Sie, Sweeney, hätten wir den Mörder vermutlich niemals geschnappt."

„Ähm... Vielen Dank, Inspektor."

Doch Sweeney kam noch einmal auf das Wesentliche zurück: „Allerdings könnte ich wetten, dass Olsson Ihnen noch immer nichts über sein Motiv verraten hat?"

„Wette gewonnen. Nichts zu machen... Von dem Moment an, als wir auf das Thema zu sprechen gekommen sind, hat er dichtgemacht wie eine Auster. Ich habe ihm Neid auf die sportlichen Erfolge der weltweiten Nummer eins als mögliches Motiv unterstellt, vorübergehende Unzurechnungsfähigkeit, oder gar einen Auftragsmord an Tyron. In diesem Moment habe ich ihm erklärt, dass wir bereits seine Konten untersucht und darauf in den letzten Monaten keinen Hinweis auf eine verdächtige Überweisung gefunden hätten. Ich habe ihn auch gefragt, ob er Bargeld dafür erhalten hätte, und wer der

Auftraggeber sein könnte, wenn er nicht aus eigenem Antrieb gehandelt hatte... Er hat nicht eine Miene verzogen. Er hat die Arme ineinander verschränkt und mir geantwortet, dass er auf seinen Anwalt warten würde. Im Moment bekommen wir aus dem nichts mehr heraus."

„Hmm, das ist doch Quatsch... Ein geplanter Mord ohne Motiv? Ich weiß nicht, was mich eigentlich noch zurückhält!", schnaubte der Rotbart und blickte hasserfüllt auf die Tür, hinter welcher Sven Olsson auf seinen Anwalt wartete.

„Beruhigen Sie sich, Sweeney, das bringt doch nichts. Wir haben doch unseren Mörder. Die Situation könnte weitaus schlechter sein, nicht?"

„Kann schon sein, aber das gilt nur für den Mord, den er eben gerade begangen hat. Denn was die beiden ersten angeht... Haben Sie mit ihm über die Morde an Amanda und Buddy Nelson gesprochen?"

„Selbstverständlich."

„Und?"

„Olsson streitet alles ab. Was hätten Sie denn gedacht?"

„Great Scott!", fluchte Sweeney. „Ich bin sicher, dass er in allen drei Fällen der Täter ist."

„Tja, das muss man erst einmal beweisen... Das war doch vorhersehbar, Inspektor. Und Sie können sich ja vorstellen, dass die Chancen schlecht stehen, dass er uns ein anderes Liedchen trällern wird, sobald er sich erst einmal mit seinem Anwalt besprochen hat. Er wird sich im Fall Tyron Junior als schuldig bekennen, weil es keine andere Möglichkeit gibt, aber was die Nelsons angeht, müssen Sie realistisch bleiben. Ohne Geständnis und ohne Beweise... Allein die Tatsache, dass er Linkshänder ist und in

St Andrews und Augusta anwesend war, reicht für eine Anklage nicht aus.“

„Ich weiß“, gab der Schotte missmutig zu.

„Na, nun machen Sie sich mal keine Sorgen, Sweeney. Sie haben bereits gute Arbeit geleistet“, versuchte O’Leary ihn aufzumuntern. „Und unser letztes Wort ist auch noch nicht gesprochen. Wir lassen ihn erst mal schmoren, einverstanden? Sobald der Anwalt weg ist, lasse ich ihn zwischen vier Wänden zappeln, ohne einen Bissen zwischen die Zähne zu kriegen. Die Leute aus meinem Team werden sich die ganze Nacht abwechseln und ihn bis zum Morgen bearbeiten. Sie zu motivieren wird kein Problem sein, die Kollegen sind alle auf hundertachtzig.“

„Da sind sie übrigens nicht die einzigen“, warnte Sweeney. Sobald die Presse Wind davon bekommen hatte, dass wir Sven Olsson verhaftet haben, haben die Journalisten den Golfplatz von Ballybunion verlassen. Sie warten vor dem Eingang des Kommissariats auf uns. Mir ist aufgefallen, dass sie sich ständig vermehren: Im Moment stehen mindestens hundert Journalisten auf der Straße.“

„Na sowas! Ich war noch nie im Fernsehen, das ist eine Premiere für mich!“, scherzte O’Leary.

„Äh... Ja, aber was werden wir diesem aufgeregten Mob sagen?“

„Na, gar nichts, Sweeney, absolut gar nichts. Von oberster Stelle haben sie mit Sicherheit ein offizielles Kommuniqué vorbereitet. In solchen Fällen gibt es immer einen Pressesprecher. Keine Sorge. Sobald die Journalisten keine Lust mehr haben, auf uns zu warten, werden sie das Gleiche tun wie wir, nämlich ins Bett gehen... So! Ich lasse jetzt mein Team für die Nacht in Aktion treten", beschloss der Ire. „Wenn der Klient weichgekocht ist, nehmen wir ihn morgen früh in die Mangel, wir beide diesmal. Fünf Uhr morgen früh, ist das für Sie in Ordnung, Sweeney?"

„Oh? Äh... Einverstanden, O'Leary. Machen wir es so. Aber bis dahin müssen wir auch daran denken, ein bisschen Schlaf zu bekommen, meinen Sie nicht?"

„Ganz genau, das werden wir so schnell wie möglich tun." Dann fuhr der Ire fort: „Sehen Sie, Sweeney, im Morgengrauen ist der perfekte Zeitpunkt. Da lassen selbst die Hartnäckigsten die Barrieren fallen. Ich weiß nicht, woran es liegt, das muss irgendwie biologische Gründe haben, oder so... Jedenfalls, ich weiß nicht warum, aber es klappt jedes Mal... Keine Sorge, der Schwede wird schon noch auftauen."

„Hmm...", brummte das nachdenkliche Kinn des Schotten.

O'Leary packte seinen Kollegen am Arm und zog ihn mit sich bis zum Hinterhof des Kommissariats. Dort ließ er ihn in ein Zivilfahrzeug einsteigen, und kurz darauf verlor sich der von O'Leary gefahrene Wagen in der sturmgepeitschten irischen Nacht.

*

Vollkommene Dunkelheit. Vom Rauschen der Brandung geleitet spazierte Sweeney an der Küste entlang. Bei jeder neuen Welle schienen die heftigen Schläge der Wellen die Erde überschwemmen zu wollen. Währenddessen wehrte Irland unbeirrt und klaglos die zornigen Angriffe des Atlantiks ab. *Great Scott! Das hier ist noch schlimmer als die Angelausflüge auf dem Firth of Forth*, urteilte der Schotte als Kenner maritimer Wutausbrüche fachmännisch. *Langsam verstehe ich, warum es in diesem verfluchten Land nur Schafe und Golfer gibt! Was für ein Wind!*

Kaum war Sweeney von Inspektor O'Leary vor seinem Hotel abgesetzt worden, war er sich bewusst geworden, dass er viel zu aufgeregt war, um schlafen zu können. Der junge Mann war in sein Zimmer hinaufgestiegen, hatte sich Buddy Nelsons Sand-Wedge gegriffen und war dann wieder hinausgegangen, den Stock auf der Schulter, um sich durch einen Spaziergang endlich zu beruhigen.

Doch die entfesselten Elemente luden kaum zur Entspannung ein. Als er die Lichter des Klubhauses von Ballybunion erspähte, die wie ein Leuchtturm auf das nächtliche Meer hinaus strahlten, fasste der Inspektor einen Entschluss. Da sein überhitztes Gemüt sich ohnehin nicht beruhigen ließ, und er nicht aufhören konnte, sich immer wieder die Ereignisse des Tages durch den Kopf gehen zu lassen, konnte er genauso gut bis zur Bar weitergehen. Sweeney würde sich dort ein letztes Gläschen genehmigen und, wer weiß, vielleicht kurz einen Blick in das erste Stockwerk werfen, von wo aus Sven Olsson geschossen hatte...

Als er sich den erhellten Fenstern des Klubhauses näherte, musste der Küstenwanderer feststellen, dass das Erdgeschoss sich in ein riesiges improvisiertes Pressecenter verwandelt hatte. Durch den Mord an Will Tyron Jr. war Ballybunion zum neuen Hotspot der internationalen Medien geworden. Trotz der späten Stunde waren noch Dutzende Journalisten dort beschäftigt und machten sich die wenigen freien Plätze streitig. Andere waren auf dem nackten Fußboden eingeschlafen oder, wenn sie mehr Glück gehabt hatten, auf den beigen breiten und weichen Sesseln.

In der Enge verhedderten sich die Kabel von Kameras und Computern oder Satellitentelefonen und legten die Nerven der Reporter blank, die aufgeregt waren wegen der kurz bevorstehenden Direktübertragungen, während derer sie ihren eklatanten Mangel an Informationen würden verbergen müssen.

Als Kontrast zu dieser Hektik erstrahlte im ersten Stock das Büro von General Boyle in einem von einsamem Studium erfüllten Glanz.

Sweeney betrat das Innere des Gebäudes. Plötzlich erschien ihm die quirlige Aufregung der Journalisten, die hier herumeilten, noch ohrenbetäubender als die Sturmböen über dem Atlantik. Im Slalom bahnte sich der Inspektor einen Weg durch diesen wahrhaftigen Turm zu Babel und erreichte nur mit Mühe die Haupttreppe. Er beschloss, sich zunächst ein Bild von dem Ort zu machen, den der Mörder gewählt hatte, um sein Verbrechen zu begehen. Doch in dem Augenblick, als er in den ersten Stock hinaufsteigen wollte, wurde sein Blick plötzlich von einer massiven Gestalt zu seiner Rechten angezogen: Tyron Senior! Abrupt blieb Sweeney stehen. Wie er da auf den Rand des Tresens aufgestützt stand, war der Vater des ermordeten Spielers kaum wiederzuerkennen.

Sein dichtes lockiges Haar hing in Strähnen herunter, als wäre eben ein heftiges Gewitter über ihn hereingebrochen. Seine Schultern waren gramgebeugt und schienen seinem Körper einzig dank der wohlwollenden Standfestigkeit der Bar Halt zu geben. Sein breiter Schnurrbart schließlich, der sonst so stolz und wild daherkam, hing schlaff auf seinen Wangen, erschöpft, über dem bitteren Rand eines Pints dunklen Biers schwebend.

Sweeney näherte sich dem gebrochenen Riesen: „Guten Abend, Mister Tyron. Ich möchte Ihnen mein herzlichstes Beileid aussprechen."

„Ah, Sie sind das? Sie sind nicht gerade derjenige, mit dem ich mich heute Abend am liebsten unterhalten möchte", seufzte Tyron Senior und nahm einen tiefen Schluck Bier.

„Entschuldigen Sie, ich wollte Ihnen nur sagen, dass..."

„Schon gut, bleiben Sie da. Möchten Sie etwas trinken?"

„Äh... Einen Ardbeg. Ein torfiger Whisky von der Insel Islay!", bestellte der Schotte. Bevor er fortfuhr: „Ich kann mir vorstellen, wie Ihnen zumute ist. Ich habe auch zwei meiner nächsten Verwandten durch einen Mord verloren."

Doch Tyron Senior hörte ihm nicht zu. Er murmelte: „Gut, dass Sie ihn so schnell festgenommen haben."

„Oh... Äh... Ja. Allerdings wäre es uns lieber gewesen, wenn..."

„Soll ich Ihnen etwas sagen?", unterbrach ihn der niedergeschmetterte Koloss.

„Ja... Naja... Das kommt darauf an, Mister Tyron. Wenn es um die heutigen Ereignisse geht..."

Doch Tyron Senior schenkte den Worten des Inspektors keinerlei Beachtung. Er setzte seinen Monolog fort: „Ich werde Ihnen sagen, wo ich an dem Tag war, an dem Amanda Nelson ermordet wurde. Das hat jetzt ohnehin nicht mehr die geringste Bedeutung."

„Ah? Äh... Einverstanden!", rief Sweeney aus. Schnell klemmte er sich seinen Sand-Wedge zwischen die Knie und schaltete unauffällig sein Diktiergerät ein.

„Ich hatte es vorgezogen, Ihnen zu erzählen, dass ich an diesem Nachmittag spazieren gegangen war", begann Tyron Senior. „Doch das war gelogen. In Wahrheit war ich zum Royal Troon gefahren, zu der Golfbahn, wo zwei Tage später die British Open stattfinden sollten. Ich wollte mir für Will inkognito einige Löcher ansehen. Mit Sonnenbrille und Schirmmütze funktioniert das ganz gut... Natürlich ist das gemäß der Regeln strikt verboten, aber mein Sohn konnte es sich nicht leisten, diesen Wettkampf zu verlieren. Daher bin ich das Risiko eingegangen... Wenn ich Ihnen verraten hätte, was ich zu dieser Zeit wirklich gemacht habe, dann wäre Will disqualifiziert worden. Ganz zu schweigen von dem Skandal, den das in den Medien ausgelöst hätte. Daher war ich gezwungen, Sie anzulügen, verstehen Sie?"

„Ja, ich denke schon. Es ist gut, dass Sie mir dieses Geständnis machen", bedankte sich Sweeney. „Das ist wichtig."

„Oh nein", seufzte der Koloss. „Heute Abend ist nichts mehr wichtig. Alles ist vorbei..." Tyron Senior leerte den restlichen Inhalt seines Glases mit einem Zug und bestellte umgehend ein neues. „Verstehen

Sie?“, fuhr er fort. “Ich konnte noch nicht einmal mehr mit meinem Sohn sprechen, er hat das Bewusstsein nicht mehr wiedererlangt. Er ist im Krankenwagen gestorben...“

„Hmm... Mister Nelson, wissen Sie wenigstens, warum Sven Olsson auf Ihren Sohn geschossen hat? Kennen Sie ihn?“

„Nein, überhaupt nicht. Dieser Hurensohn war einer der schwächsten Spieler der Szene. Will ist nicht ein einziges Mal in einem Turnier gegen ihn angetreten. War er eifersüchtig auf den Erfolg meines Sohnes, oder ist er verrückt geworden? Ich habe keine Ahnung, aber wenn ich geahnt hätte, dass er eines Tages...“

„Mister Tyron“, wurde er von Sweeney unterbrochen. „Olsson hat momentan noch nichts gestanden. Eins steht allerdings fest, der Typ ist nicht verrückt. Er hat völlig kaltblütig und geplant gehandelt, und es ist davon auszugehen, dass er uns auch einiges über die Morde an Amanda und Buddy Nelson erzählen kann.“

„Was? Glauben Sie? Aber aus welchem Grund hätte er auch noch die beiden umbringen sollen? Das passt nicht zusammen. Ich sage Ihnen, der Kerl ist ein Verrückter. Er hat aufs Geratewohl geschossen. Vielleicht wollte er einfach nur auf sich aufmerksam machen. So wie Lee Harvey Oswald in Dallas, erinnern Sie sich... Ich weiß nicht, was mich davon abhält, ihn einfach abzuknallen, diesen...“

„Mister Tyron“, beeilte sich Sweeney ihn zu beruhigen. „Das würde nichts helfen. Und ich denke, Sie wie ich wollen doch in erster Linie die Wahrheit kennen. Irre ich mich?“

„Nein... Es stimmt, Sie haben recht.“

„Na also, und deswegen: Versprechen Sie mir, dass Sie mir jegliche Information mitteilen, die Licht auf Olssons Tatmotiv werfen könnte, okay?“

„Okay, ich werde sehen, was ich tun kann. Ich werde darüber nachdenken.“

„Danke. Und sonst, wissen Sie, ob Wills Frau heute Abend hier ist?“

„Samantha? Nein, sie ist im Krankenhaus bei ihrem Mann geblieben. Sie wollte sichergehen, dass keine Paparazzi seine Leiche fotografieren können. Wo schon alles live im Fernsehen übertragen wurde... Das ist ein nettes Mädchen, Samantha, wissen Sie.“

„Ach ja? Ich dachte, Ihre Beziehung zu ihr wäre nicht besonders gut.“

„Ja, aber das war mein Fehler... Wenn ich daran denke, was sie wegen mir alles erdulden musste. Ich wollte so sehr, dass Will der Beste ist... Ich hoffe, sie wird mir eines Tages vergeben. Jedenfalls versichere ich Ihnen, das ist ein nettes Mädchen“, wiederholte Tyron Senior.

Sweeney leerte sein Whiskyglas. Zum Abschied legte er eine Hand auf die zusammengesunkene Schulter des Riesen, schaltete sein Diktiergerät aus und ging dann zurück, um sich erneut in das Gedrängel der Journalisten zu stürzen.

Als er kurz darauf von überarbeiteten Reportern angerempelt wurde, konnte sich Sweeney ein Grinsen nicht verkneifen. Wenn sie auch nur eine Ahnung hätten, dass sie gerade den Mann ignorierten, der ihnen am meisten Informationen über den Fall hätte liefern können, der sie gerade so beschäftigte... Zweifellos hätten sie dieser schlaksigen Person mit dem lächerlichen roten, vom

Wind zerzausten Bart deutlich mehr Beachtung geschenkt.

Der Schotte ging erneut auf die Treppe des Klubhauses zu. Doch gerade, als in den ersten Stock hinaufgestiegen war, sah er in der Mitte des Flurs General Boyle, der soeben von einem amerikanischen Fernsehteam interviewt wurde.

Mist! schimpfte Sweeney. *Das ist gerade die beste Sendezeit in den USA. Besser, wenn ich nicht in der Nähe bin.* Der Inspektor schwang also seinen Sand-Wedge in die umgekehrte Richtung und änderte seinen Plan: *Gut. Ich denke, bis hier der Weg frei ist, werde ich Tante Midge anrufen. Das hilft mir vielleicht, meine Gedanken zu ordnen. Ich muss versuchen, zu all dem ein wenig Abstand zu gewinnen.*

Als er aus dem Durcheinander des Klubhauses heraustrat, tauchte Sweeney erneut in die kühle Frische des atlantischen Windes ein.

Brrr!... So, wo ist mein Handy... Hoffentlich schläft Tante Midge noch nicht... „Hallo Tante? Hier spricht..."

„Archie! Mein Gott, was habe ich mir Sorgen gemacht. Ich hatte gehofft, dass du mich anrufen würdest."

„Ehrlich? Weißt du denn, was passiert ist?"

„Machst du Scherze, mein Junge? Seit gestern Abend sprechen sie im Fernsehen von nichts anderem mehr. Mein armer Archie, in was für eine Geschichte bist du da nur hineingeraten?"

„Das wird schon, Tante. Wir sind gerade dabei, den Typen weichzukochen, der geschossen hat."

„Im Fernsehen haben sie gesagt, dass es ein Schwede war, ein Spieler, der eifersüchtig auf Tyron Junior war.“

„Ach, weißt du, die Medien erzählen alles Mögliche, weil sie über keine seriösen Informationen verfügen… Allerdings muss ich zugeben, dass wir selber auch nicht viel mehr wissen.“

„Trotzdem habt Ihr den Schuldigen doch festgenommen?“

„Ja. Er heißt Sven Olsson. Er hat zugegeben, auf Tyron Jr. geschossen zu haben. Das Problem ist, dass er sich im Moment weigert, mehr dazu zu sagen. Er hat kein erkennbares Motiv. Dabei ist der Kerl ganz offensichtlich nicht verrückt… Ich selbst werde ihn erst morgen früh verhören können, zusammen mit meinem Kollegen O‘Leary. Sein Ermittlerteam ist gerade dabei, ihn mürbe zu machen; ich hoffe, dass ihnen das bis zum Morgengrauen gelungen sein wird, wenn wir ihn übernehmen… Aber was mich ansonsten auch stört ist, dass Olsson jegliche Beteiligung an den beiden ersten Morden an dem Ehepaar Nelson abstreitet.“

„Glaubst du denn, dass er es war?“

„Ja, Tante. Es ist eine einfache Schlussfolgerung: Zusammen mit Tyron Jr. war Olsson der einzige Linkshänder auf meiner Liste.“

„Ich verstehe nicht, Archie.“

„Ach ja, entschuldige, Tante Midge. Es würde jetzt zu lange dauern, das zu erklären. Ich erzähle alles ausführlich, wenn ich zurück bin.“

„Wenn du wieder hier bist, Archie, könntest du, wenn du magst, zwei oder drei Tage bei mir bleiben, um dich auszuruhen.“

„Danke, Tante, aber ich befürchte, dass Kommissar Wilkinson mir keine Zeit dazu lassen wird. Als ich eben mit ihm telefoniert habe, war er einem Nervenzusammenbruch nahe. Wenn ich bei meiner Rückkehr nach Schottland keinen Beweis liefere, dass Olsson der Mörder von Amanda Nelson ist, dann wird er mir in Zukunft höchstens noch Fälle übertragen, bei welchen es um gestohlene Schafe in den Highlands geht!"

„Ach, Archie! Soweit wird er schon nicht gehen."

„Oh, weißt du..."

„Übrigens! Ich weiß, das ist jetzt nicht der Moment, um dich mit so etwas zu belästigen, aber es ist zu schade, dass du nicht einige Tage in Aberdeen bleiben kannst, wenn du Berthie abholen kommst."

„Warum?"

„Die Frau von Reverend Davis veranstaltet nächsten Dienstag einen Wohltätigkeitsabend. Sie hat dabei auch an dich gedacht. Weil ich ihr gesagt hatte, dass du vielleicht hier sein würdest, hat sie dich eingeladen."

„Tante! Du weißt genau, dass ich diese Hüpf-Veranstaltungen der Frau des Reverends nicht ausstehen kann."

„Archie!"

„Du hast mich immer gezwungen, mit dir hinzugehen! Aber jetzt im Moment..."

„Aber Archie, ich fand es so nett von ihr, dass sie mir eine Einladungskarte mit deinem Namen gegeben hat. Also, was soll ich ihr antworten?"

„Wie bitte, Tante Midge? Was hast du gesagt? ...

„Nichts, Archie. Ich habe dich gefragt..."

„Doch! Was hast du eben gesagt, Tante? Sag das noch einmal!“

„Äh... Dass es nett von ihr war, mir eine Einladungskarte für dich zu geben. Meinst du das?“

„Great Scott! Das ist es! Ich hab’s!“

„Was hast du, mein Junge?“

„Es ist mir eingefallen, Tante Midge! Ich weiß, warum Olsson Tyron Junior umgebracht hat, und vor ihm die Nelsons! ... Also... Jedenfalls glaube ich, es zu wissen.“

„Sehr gut, Archie, umso besser. Aber jetzt sag mal, was mache ich mit deiner Einladung?“

EAGLE!

Die Uhr des Kommissariats von Tralee war gerade auf fünf Uhr gesprungen. Inspektor O'Learys Gesicht war von Müdigkeit gezeichnet. Seine Nase ragte in eine Tasse Kaffee, während er das Protokoll las, in dem seine Ermittler die Ereignisse der Nacht beschrieben, die sie damit verbracht hatten, Sven Olsson weichzukochen. Doch der „Sniper des Golfs" wie er in der Presse diesen Morgen bereits genannt wurde, hatte sich in ein unbeirrbares Schweigen zurückgezogen. Die Situation erschien hoffnungslos verstockt.

Im gleichen Augenblick tauchte Sweeneys fieberroter Bart, den ein Streifenwagen hier abgesetzt hatte, im Kreis der irischen Polizisten auf: „Inspektor! Ich hab's! Ich kenne Sven Olssons Motiv!"

Augenblicklich löste sich O'Leary aus seiner Erstarrung. „Was? Was sagen Sie da, Sweeney? Aber Sie wissen ja noch nicht einmal, wie die Nacht verlaufen ist", maulte der Ire.

„Was? Äh... Ja, Verzeihung, stimmt ja... Und?“, korrigierte der innerlich brodelnde Schotte seinen Fauxpas.

„Genau. Wir waren gerade dabei, mit meinem Team Bilanz zu ziehen. Wir hören Sie später an... Also, Jeffreys, was sagten Sie gerade?“

„Äh... Ja, also: Nachdem der Anwalt gegen Mitternacht gegangen ist, haben wir uns mit Brooks und Thomas alle zwanzig Minuten abgelöst. Ich versichere Ihnen, Chef, wir haben dem Schweden nicht mal Zeit gelassen um pinkeln zu gehen. Abwechselnd haben wir ihn auf Herz und Nieren verhört, alle guten alten Methoden sind zum Einsatz gekommen – Brooks hat den *bad cop* gespielt, Thomas und ich waren die *good cops* – aber Olsson ist nicht von seiner Linie abgewichen. Irgendwann ist Brooks sogar schlafen gegangen... Die ganze Nacht hindurch hat Olsson fast wortgenau die Aussagen wiederholt, die er bereits gestern gemacht hat, Inspektor. Sobald wir versucht haben, ihn in eine andere Richtung zu lenken, hat er woanders hingeguckt oder geschwiegen. Nichts zu machen, er ist wachsam und auch intelligent. Und dann seine Augen...“

„Was ist mit seinen Augen?“

„Mir macht er Angst. Ihnen nicht? Außerdem scheint er körperlich unheimlich zäh zu sein. Seit er hier ist, haben wir ihm nichts zu essen oder zu trinken gegeben. Der Anwalt hat sich der Form halber beschwert, aber Olsson selbst hat um nichts gebeten... Also, ich habe den Eindruck, er wartet jetzt geduldig, dass sein Verteidiger zurückkommt. Er sollte gegen acht Uhr hier sein.“

„Wer ist es denn?“

„Rechtsanwalt Kelly."

„Kein Glück für uns! Das ist der am wenigsten schlechte Anwalt von ganz Kerry", schimpfte O'Leary.

„Ja, erinnern Sie sich, Inspektor. Er war es, der einen Freispruch für Bill Ringer erwirkt hat. Wenn ich daran denke, wie schwierig es für uns war, den Typen zu verhaften... Jedenfalls, wenn wir es nicht schaffen, vor seiner Ankunft etwas aus Olsson herauszubekommen, dann befürchte ich, dass die Sache für uns im Eimer ist... Tja, ich glaube, das wäre dann alles zu dieser Nacht, Inspektor."

„Danke, Jeffreys, Sie haben gute Arbeit geleistet. Aber dieser Scheißkerl ist zäh... Gut, wir haben noch ungefähr drei Stunden, bevor der liebe Mister Kelly hier auftaucht und in Tränen ob des unmenschlichen Verhaltens ausbricht, das wir seinem Klienten zuteilwerden lassen haben! Sie werden sehen, Sweeney, das ist das erste, was Anwälte tun, wenn sie morgens hier aufkreuzen. Das verleiht ihnen eine schöne Rolle, das verleiht ihnen Selbstbewusstsein. Drei Stunden, ich hoffe, das reicht, um..."

„Ähem, ähem...", machte sich Sweeney durch ein Räuspern bemerkbar und drückte so seine Ungeduld aus, endlich zu Wort kommen zu dürfen.

„Ja, ist gut, wir gehen ja schon, Inspektor" blaffte O'Leary gereizt.

„Nein, das meine ich nicht. Es ist nur... Ich würde ihn gern alleine verhören", traute sich der unverschämte Rotbart plötzlich zu fordern.

Ungläubig blickte das irische Trio ihn an.

„Ich bin mir meiner Sache sicher, O'Leary", beharrte Sweeney auf seiner Bitte. „Ich werde ihn zu einem Geständnis bringen, ich weiß, warum er die Tat begangen hat!“

„Hören Sie, Inspektor“, reagierte sein Kollege, bevor er seine Kaffeetasse abstellte. Ich bin Ihnen dankbar, dass Sie uns so schnell auf Olssons Spur gebracht haben, aber es handelt sich hier jetzt um eine ausschließlich irische Angelegenheit. Sie sind hier in keinem Fall befugt, ein Verhör durchzuführen. Daher bin ich gerne bereit, Sie dabeizuhaben, wenn ich ihn gleich weiter befrage, Sie können vielleicht wertvolle Hilfe leisten, allerdings…“

„Das wird nicht funktionieren, O’Leary! Er kennt Sie bereits. Sie haben ihn gestern über zwei Stunden lang verhört, und Ihre Leute haben sich die Nacht hindurch abgewechselt. Er hat sich an Sie gewöhnt. Selbst todmüde wird er nichts mehr preisgeben. Mich hingegen hat er bisher noch nicht getroffen. Der Überraschungseffekt kann helfen. Außerdem glaube ich, dass ich verstanden habe, warum er so gehandelt hat… Es ist riskant, ich weiß, aber es ist vielleicht unsere einzige Chance. Lassen Sie es mich versuchen, O’Leary… Wenn ich in einer Stunde kein Ergebnis habe, dann komme ich heraus, und Sie können das Verhör fortsetzen, wie Sie es für richtig halten. Aber ich weiß, dass ich es schaffen kann…“

Dann schwieg der Schotte.

Sweeneys schwarze Augen waren von einem eigenartigen Glühen erfüllt. Unentschlossen drehten sich Jeffreys und Thomas zu O’Leary um. Lange betrachtete der Ire seinen Kollegen aus Edinburgh. *Wie sieht dieser Haggis-Fresser überhaupt aus,* dachte er. *Man könnte meinen, dass er in seinen*

Kleidern geschlafen hat... Und dann dieser rote Bart, nein wirklich... Eine Stunde? Wir könnten es versuchen, was haben wir schon zu verlieren? Schlimmstenfalls bleiben mir immer noch zwei Stunden, um den Mistkerl zu einem Geständnis zu bewegen... Ach, und eigentlich passt es mir auch ganz gut! kürzte der Ire plötzlich seine Gedanken ab. *Ich bin hundemüde. Letzten Endes lässt mir das Zeit, um noch eine schöne Tasse Kaffee zu trinken...*

„Na gut, Sweeney. Sie können gehen. Aber der Wachposten bleibt mit Ihnen im Raum, man weiß ja nie. Ich genehmige Ihnen ein ‚Gespräch' mit Olsson – so werden wir das nennen."

„Danke."

„Wir sind uns doch einig, Inspektor? Das hier ist kein Verhör, sondern ein einfaches ‚Gespräch' mit dem Beschuldigten, und zwar ein Gespräch, das ich persönlich zu verantworten habe."

„Vielen Dank nochmal."

„Eine Stunde, Sweeney. Um sechs Uhr morgens, letzte Frist, verlassen Sie diesen Raum. Verstanden?"

„Alles klar, danke, Inspektor", entgegnete Sweeney mit bereits hochkonzentrierter Miene. Woraufhin er sogleich fragte: „Übrigens, Jeffreys, Sie haben doch gesagt, er habe seit gestern nichts zu sich genommen?"

„Absolut nichts", versicherte der Ermittler.

„Darf ich zwei Becher Kaffee haben?", bat ihn der rote Vollbartträger.

Einige Augenblicke später betrat Sweeney das Vernehmungszimmer, wobei seine Hände zwei Tassen umklammerten, deren Inhalt mindestens genauso brennend heiß war wie er selber.

*

Sven Olsson saß an einem kleinen viereckigen Tisch. Seine verschränkten Arme glichen zwei knorrigen Wurzeln, die tief in seiner Brust verwachsen waren. Erstaunlicherweise hatte man ihm gestattet, seine Golfkappe auf dem Kopf zu behalten, und der Schirm zeichnete einen undurchdringlichen schwarzen Schatten um seine Augen. Sein längliches Gesicht schien zu einer undurchdringlichen Maske erstarrt. Lediglich eine besorgte Nase von adlerhaften Konturen schien weiterhin auf der Hut zu sein, bereit, unangenehme Fragen abzuschmettern.

Als er den Raum betrat, fühlte er den Blick des Mörders auf sich ruhen. Sofort unterdrückte der Schotte jegliche Emotionen: Der Polizist musste unbedingt sein eigenes Unbehagen vor dem Schweden verbergen.

Sweeney gelang es, einen entspannten Gang beizubehalten und bewegte sich auf den Tisch zu, mit der gleichen Gelassenheit, die ihm Elster und Tyron Jr. am Vortag demonstriert hatten. Sehr schnell fiel Olssons Raubtierblick auf die beiden Becher, die der merkwürdige rotbärtige Mann in den Händen hielt.

Beruhigt über diese erste Reaktion, die er zu erzielen gehofft hatte, nahm Sweeney gegenüber dem Spieler Platz. Er stellte die beiden Tassen in der Mitte des Tisches ab und zog dann schnell einen metallenen Gegenstand aus seiner Tasche. Nachlässig ließ er ihn in einer Ecke der Tischplatte liegen, und Olsson hörte das „Klick“ des Diktiergeräts, noch bevor es ihm gelang, seinen

Blick von den Dampfkringeln abzuwenden, die aus dem Kaffee aufstiegen.

„Guten Tag, Mister Olsson“, begann Sweeney schlicht. „Wissen Sie, wer ich bin?“

„Ich habe Sie in Augusta gesehen“, antwortete der schwedische Spieler in holperigem Englisch.

„Ich bin Inspektor Sweeney, von der Kriminalpolizei Edinburgh. Ich ermittle im Mordfall Amanda Nelson.“

„Ach ja? Da kann ich nicht den Zusammenhang erkennen“, grummelte Sven Olsson, ohne die Augen von den beiden Tassen abzuwenden, die auf dem Tisch standen.

„Möchten Sie einen Kaffee?“, bot Sweeney verführerisch an.

„Ja, gerne“, und endlich entknoteten sich die muskulösen Arme des Schweden, damit sich seine Hände um den Henkel der Tasse zusammenrollen konnten.

„Der Zusammenhang“, entgegnete der Schotte... „Ja aber, das sind Sie, Mister Olsson!“

„Machen Sie Witze? Amanda ist von ihrem Mann umgebracht worden. Das weiß doch jeder in der Szene.“ Olsson, unerschütterlich, nahm einen ersten Schluck der schwarzen Flüssigkeit.

„Wirklich? Aber, wenn alle Welt das weiß, dann ist das jedenfalls nicht das, was alle Welt behauptet...“

„Jeder sagt doch, was er will. Sie können gerne mit meinem Anwalt darüber sprechen, er kommt um acht Uhr.“

„Es wäre schade zu warten, Mister Olsson. Auch wenn *Sie* nicht reden wollen, andere haben schon damit begonnen.“

„Ach ja, und wer?“, fragte der Schwede.

Bei diesen Worten musste Sweeney sich beherrschen, die Freude nicht zu zeigen, die sich explosionsartig in seinem Körper ausbreitete. Dem Mörder von Tyron Jr. war eine erste Frage entwichen!

Gereizt durch die Herausforderung, die der Inspektor ihm bot, war Olssons Spielergeist geweckt. Er schien bereit, seine Selbstbeherrschung mit der seines Gegners zu messen. In diesem Moment begriff Sweeney, dass er, wenn er das Interesse des Schweden auf sich lenken wollte, ihn am besten mit seinen eigenen Waffen angreifen musste.

Ohne zu zögern beschloss Sweeney, sich in die Haut eines Golfspielers hineinzuversetzen. Damit ihm dies gelang, musste er versuchen, sämtliche psychologischen Reflexe eines Golfers anzunehmen.

Der Inspektor überlegte, dass dies keine große Schwierigkeit mehr für ihn darstellte. Schon als er die Kaffeetassen auf dem Tisch abgestellt hatte, hatte es sich angefühlt, als würde er in aller Ruhe einen kleinen weißen Ball am Abschlag ablegen.

Die Runde beginnt! sagte sich der Schotte.

„Wollen Sie wirklich alleine dafür gerade stehen?“, nahm Sweeney das Verhör wieder auf.

„Aber wovon zum Kuckuck sprechen Sie?“, brauste Olsson auf. Das Interesse des Schweden hinter dieser letzten Frage war fast greifbar. Der Drive, den der junge Inspektor zu spielen gedachte, ließ sich gut an. Die Schulterachse perfekt ausgerichtet würde er gleich versuchen, einen entscheidenden Schlag zu landen. Sweeney konnte nicht umhin sich zu fragen: Ist es eigentlich schon vorgekommen, dass Spieler ihren Ball direkt vom Abschlag aus eingelocht haben?

Alles war bereit, Sweeney musste nur noch die durch den Aufschwung aufgebaute ungeduldige Spannung seines Swings lösen. Und so machte er seinen ersten Schlag, jäh und unausweichlich:

„General Boyle hat geredet!“, verkündete Sweeney.

*

„Er wird gerade im Nebenraum verhört... Er lastet alles Ihnen an“, fügte der Schotte hinzu.

„Was erzählen Sie da für einen Blödsinn! Ah, ich verstehe, worauf Sie hinauswollen! Was versuchen Sie mir da in den Mund zu legen?... Weil die anderen nichts aus mir herausbekommen haben, indem sie mir ewig dieselben Fragen gestellt haben, versuchen Sie, mich zu einer Reaktion zu bewegen, indem Sie mir ihr kleines verrücktes Märchen auftischen. Okay, ist gut... Nun, mein Anwalt wird um acht Uhr wieder hier sein, mir scheint, ich hatte Sie bereits darauf hingewiesen. Also, machen Sie's gut, und danke für den Kaffee.“ Olsson setzte erneut die Tasse an die Lippen.

Sweeney tat, als lasse diese offensichtliche Niederlage ihn kalt. Der Schwede war immerhin ein Spitzengolfer und hatte seine Emotionen perfekt im Griff. Seine Nerven mussten mit dem härtesten Stahl gestärkt sein. Er brauchte einfach noch etwas Zeit und Geschicklichkeit, um an sein Ziel zu gelangen, beruhigte sich Sweeney.

„Also wirklich, Mister Olsson“, sagte er. „Machen Sie sich doch nicht lächerlich. Wir wissen sehr wohl, dass Sie überhaupt kein Motiv hatten, um Tyron Jr.

umzubringen... Sie sind noch nicht einmal dafür bezahlt worden. Seit gestern Nachmittag durchforsten wir sorgfältig Ihre Konten. Kein einziger verdächtiger Geldeingang... Da ist uns ein Licht aufgegangen und hat uns direkt zu Boyle geführt. Er ist heute Nacht verhaftet worden. Im Gegensatz zu Ihnen ist er sofort mit der Sprache herausgerückt."

„Nun hören Sie doch auf mit dem Zirkus!", fuhr der Spieler ihn an. „Wenn Sie glauben, dass ich..."

„Natürlich, letztlich müssen Sie das selber wissen, Mister Olsson... Aber wenn ich an Ihrer Stelle wäre, würde ich mir das zweimal überlegen. Dreimal sogar, denn ich spreche hier von drei Morden, Mister Olsson. Auch wenn General Boyle als Auftraggeber angeklagt werden kann, sind immer noch Sie derjenige, der die Taten begangen hat. Der einzige Mörder hier sind Sie! Wenn Sie also gestehen, könnten wir immerhin..."

„Halten Sie endlich die Klappe! Was soll dieser Scheiß? Ich habe Ihnen doch gesagt, dass Buddy Nelson seine Frau ermordet hat. Vielleicht hat sein Schwiegervater seine Tochter gerächt, keine Ahnung, aber ich habe mit der ganzen Sache nichts zu tun. Ist das klar? ... Was gestern passiert ist, ist schon schlimm genug für mich, finden Sie nicht? Also suchen Sie sich einen anderen, dem Sie die zwei Morde anhängen können. Ich habe damit jedenfalls nichts zu tun."

„Ja, ja... Ich verstehe schon, Mister Olsson. Aber ich sage es ihnen noch einmal, Mister Boyle ist gerade dabei, Sie für die drei Morde... Mister Olsson, ich rate Ihnen zu einem Geständnis. Wenn Sie es hier in Irland machen, dann sind Sie durch die Gesetze der

Europäischen Union geschützt. Aber Ihre Lage könnte sich deutlich verschlechtern, ich möchte Sie daran erinnern, dass im Fall einer Auslieferung an die USA dort die Todesstrafe auf Sie warten könnte."

„Lassen Sie mich endlich in Ruhe! Hauen Sie ab! Sie können mir sowieso erzählen, was Sie wollen, ich habe doch keine Ahnung von Ihren ganzen Gesetzen."

„Ich erlaube mir, darauf zu beharren, Mister Olsson. Sie sind Europäer, während General Boyle amerikanischer Staatsbürger ist. Wenn er Sie belastet, dann weil er sich im Klaren darüber ist, dass in den USA der elektrische Stuhl auf ihn wartet. Unter diesen Bedingungen wird er Ihnen natürlich keinen Gefallen tun."

„Aber Sie sind doch verrückt! Was habe ich mit Boyle zu tun? Und warum haben Sie ihn verhaftet?"

„Sie können sich ja mit ihrem Anwalt darüber beraten", fuhr Sweeney ungestört fort. „Allerdings, in Anbetracht der Verteidigungsstrategie Ihres Komplizen..."

„Aber..."

„... in Anbetracht seiner Verteidigungsstrategie befürchte ich, wenn Sie sich zu einer Reaktion entschließen, wird es bereits zu spät sein... Machen Sie sich keine Illusionen. Es stimmt, wir haben nichts gegen General Boyle in der Hand. Es steht sein Wort gegen das Ihre. Und Sie wissen es ja genau, Mister Olsson, einer Persönlichkeit wie der seinen haben Sie nicht viel entgegenzusetzen... Übrigens, wissen Sie schon, welchen Spitznamen die Presse Ihnen heute Morgen verpasst hat?"

„Nein, ist mir auch egal."

„Das sollte es nicht: Der ‚Sniper des Golf'... In zwanzig Minuten sind wir mit ihm fertig, und der General verlässt das Kommissariat als freier Mann. Sie hingegen, Sie bleiben hier. Mit Ihrem Anwalt natürlich, aber Ihnen haftet das Etikett ‚Sniper des Golf' an... Sie können sicher sein, wenn Boyle von hier verschwindet, dann wird es für Sie zu Ende sein, Mister Olsson. Niemand wird Ihnen mehr zuhören."

„Es reicht jetzt! Ich habe genug von Ihrer Visage gesehen... Sie können gehen, sage ich Ihnen. Danke", und Olsson wischte mit einer Handbewegung die Erklärungen des lästigen Bärtigen vom Tisch.

„Wenn Sie allerdings gleich heute Morgen gestehen", blieb Sweeney hartnäckig, „dann können Sie die Oberhand gewinnen. Und Bolye wird es zusätzlich belastend ausgelegt werden, dass er versucht hat, Ihnen sämtliche Schuld zuzuschieben."

„..."

„Denken Sie nach, Mister Olsson. Ihr Leben steht auf dem Spiel, und die Höhe Ihrer Haftstrafe: Stellen Sie sich vor, wenn Sie schweigen, werden Sie das Gefängnis vielleicht nie wieder verlassen... Sie haben überhaupt kein Motiv für den Mord an Tyron Junior, es wäre dumm, den Auftraggeber zu decken. Glauben Sie, dass Boyle Ihnen aus Florida Orangen ins Gefängnis schicken wird?"

„Ich mag keine Orangen."

„Sehr witzig... Und die Geschworenen, haben Sie auch mal an die gedacht? Sie haben gerade ihr Idol erschossen, und Sie wollen ihnen noch nicht einmal erklären, aus welchem Grund Sie das gemacht haben? Die werden Ihnen das niemals verzeihen, da können Sie sicher sein. Die Geschworenen werden Sie zerschmettern, und Sie werden die Höchststrafe bekommen... Wohingegen, wenn Sie für die Jury nur ein Handlanger sind, und wenn Sie gleich heute Morgen gestehen..."

Sweeney spürte, dass sein Schlag noch immer nicht perfekt gewesen war, dass er die Flugbahn seines Balls noch verfeinern musste. Er sprach weiter: „Mister Olsson, ich habe sehr wohl verstanden, wie das Leben eines Profigolfers aussieht. Ohne die Wildcards würden Sie schon längst nicht mehr auf den Turnieren der PGA spielen. Ich weiß auch, dass in Ihrem Beruf zwischen einem Millionär und einem Arbeitslosen nur ein schmaler Grat verläuft. Ein verpatztes Turnier, und Hopp! aus ist es mit den Sponsoren, aus mit den Medien, aus mit den Vier-Sterne-Hotels und dem Leben auf großem Fuße. Man fällt zurück in die kleineren Turniere und muss sich dort beweisen... Mit etwas Glück kehrt man irgendwann wieder auf die große Bühne zurück, so wie Michael Krantz in Augusta. Aber meistens ist man gezwungen, den Beruf des Profigolfers an den Nagel zu hängen... Und so ohne Vorwarnung ist das niemals leicht."

Plötzlich fuhr Sven Olsson mit den Fingerspitzen über den Rand seiner Schirmmütze. Der schwedische Eisberg begann zu schmelzen! Also redete Sweeney weiter und weiter. Er fühlte, dass der Ball sich endlich auf der richtigen Flugbahn befand. Jetzt brauchte er sich darüber keine Gedanken mehr zu machen. Er musste nur durchhalten, seinen Bluff bis zum Ende durchziehen, nicht mehr auf die Uhr sehen, nicht mehr zögern. Vor allem durfte er Olsson nicht mehr aus den Augen lassen und musste dabei immer weiterreden.

Sein Ball befand sich in der Luft. Wo würde er wohl aufschlagen?

*

Mit einem Ruck stellte Olsson seinen Kaffeebecher auf dem Verhörtisch ab. Dann nahm er seine Schirmmütze vom Kopf. „Und wenn ich gestehe?“, fragte er, wobei er zum ersten Mal das Diktiergerät zu seiner Linken betrachtete.

Der schottische Inspektor konnte es kaum glauben. Sein Ball war soeben auf dem Green aufgeschlagen! Doch er rollte noch... im Moment war noch nichts gewonnen.

„Ich habe es Ihnen gesagt: In diesem Fall halten wir General Boyle hier fest. Wir werden ihn weiter verhören und Sie können auf eine deutlich mildere Strafe hoffen.“

Olsson starrte auf Sweeneys zottelige Wangen, führte seine Hand an die Nase, als würde er eine Maske abnehmen, und platzte dann heraus: „Okay, Boyle hat mich beauftragt...“

„Können Sie mir bitte genau sagen, womit General Boyle Sie beauftragt hat, Mister Olsson?“

Sweeney frohlockte innerlich, sein Ball rollte nun geradewegs auf das Loch zu!

„Tja...“, seufzte der schwedische Spieler. „Das hat vor zwei Jahren angefangen... Interessiert Sie das überhaupt?“

„Wir haben Zeit, Mister Olsson, ich bin ganz Ohr.“

„Ich bin Waffensammler, das ist meine große Leidenschaft... Vor ungefähr zwei Jahren, als ich in Chicago bei einem Turnier war, habe ich mir von jemandem privat eine Maschinenpistole von Heckler und Koch gekauft, ein deutsches Fabrikat. Ich wollte sie nur mitnehmen, sie ausprobieren – mit jeder meiner Waffen schieße ich mindestens ein Mal – und sie dann in meiner Wohnung in Milwaukee aufbewahren. Insgesamt habe ich über fünfzig Waffen, tolle Stücke übrigens... Aber beim Rückflug bin ich von der Polizei von Illinois kontrolliert worden. Purer Zufall, eine reine Routinekontrolle..."

„Ja, und weiter? Ich verstehe noch nicht, was das mit General Boyle zu tun haben soll."

„Doch, warten Sie. Nach der Kontrolle ging es los. Ich habe mich auf der Polizeiwache wiedergefunden, wegen unerlaubten Führens einer Schusswaffe. Ich habe die PGA angerufen, um Bescheid zu sagen, und da hat General Boyle sich um alles gekümmert. Damals war er gerade erst Ko-Direktor geworden. Er hat veranlasst, dass die PGA die Kaution zahlt, und noch am selben Abend konnte ich gehen. Anschließend hat ein vom General bestellter Anwalt die ganze Geschichte mit dem Staat Illinois geregelt. Ich bin danach noch nicht einmal weiter gerichtlich verfolgt worden, sondern habe lediglich aus Prinzip eine kleine Geldstrafe aufgebrummt bekommen.

Selbstverständlich bin ich gleich, als sich die Gelegenheit dazu bot, zu General Bolye gegangen um mich zu bedanken. Da hat er mir erklärt, dass er das alles aus dem einfachen Grund getan habe, um zu vermeiden, dass ein Profigolfer der PGA Tour Schlagzeilen auf den Titelseiten der Skandalpresse machte – damals spielte ich noch vorne mit – und dass eine solche Geschichte dem Bild der PGA in der Öffentlichkeit schaden könnte. Er hat mir zu verstehen gegeben, dass er das für jeden Spieler getan hätte, und dass er mich allein aus diesem Grund aus diesem Schlamassel gerettet hätte."

„Das ist jetzt zwei Jahre her?"

„Ja, ungefähr."

„Und danach?", forderte Sweeney ihn auf, weiterzusprechen.

„Diese ganze Sache hat mich aus der Bahn geworfen. Kurz darauf konnte ich nicht mehr richtig spielen, meine Ergebnisse sind in den Keller gesackt. Ich war sogar gezwungen, mich von meinem Caddie zu trennen. Für einen Profi ist das der Anfang vom Ende... Dann ging alles sehr schnell. Am Ende der Saison spielte ich schon nur noch auf der *European Tour*. Das Problem war nur, dass es da auch nicht besonders gut lief. Meine Ergebnisse und meine Gewinne gingen immer weiter zurück. Also habe ich darüber nachgedacht, meine Karriere zu beenden... Ich wusste nicht, was ich tun sollte, ich musste noch den Kredit für meine Wohnung abbezahlen, ich hatte mich verschuldet, um an den letzten Turnieren der Saison teilnehmen zu können, wo ich ohnehin nichts gewinnen würde, und außerdem hatte ich schon seit Jahren keinen Fuß mehr nach Stockholm gesetzt. Und da ist mir General Boyle eingefallen. Ich bin nach Palm Beach zum Sitz der PGA gefahren und habe gefragt, ob ich nicht eine Wildcard bekommen könnte, um die ersten Turniere der neuen Saison zu spielen und so Zeit zu gewinnen, um wieder auf die Füße zu kommen."

„Und, hat er eingewilligt?"

„Nein, nicht sofort. Er hat mich die Woche darauf in Milwaukee zurückgerufen. Da hat er mir gesagt, dass er mir aus der Patsche helfen könnte. Unter der Bedingung, dass ich ihm einen kleinen Gefallen täte."

„Und was war das für ein Gefallen?"

„Am Anfang habe ich mich gewundert: Er wollte, dass ich seine Tochter verführe. Er wollte, dass sie aufhört, sich mit Tyron Junior zu treffen."

„Dauerte das Verhältnis zwischen den beiden denn noch an?"

„Ja. Nach der Geschichte mit den Fotos in der Presse haben sie und Will gelernt, sich bedeckt zu halten. Vor allem Vater Tyron passte auf wie ein Luchs."

„Und, wissen Sie, wie die beiden es angestellt haben, sich zu treffen?"

„Ja, Jack Powell, Wills Caddie, hat es mir eines Tages erzählt. Jack und ich sind Nachbarn in Milwaukee... Einmal saßen wir im Flugzeug nebeneinander und haben uns unterhalten. Verstehen Sie? Um sie zu treffen, hat Will Termine mit seinem Mentaltrainer vereinbart. Aber in Wirklichkeit hat er sich in dieser Zeit mit Amanda Nelson getroffen. Man sollte meinen, der Psychologe fand, dass diese Treffen für Will sinnvoller waren als sein eigener Rat."

„Oder er wurde von Tyron Jr. für sein Schweigen bezahlt."

„Möglich. Will hatte auf jeden Fall die Mittel dafür. Jedenfalls haben sie den alten Tyron auf diese Weise ganz schön an der Nase herumgeführt."

„Und General Boyle, wusste der davon?"

„Ja, er selbst hat mir erzählt, wie er davon erfahren hat. Nach den Fotos hegte er ein solches Misstrauen gegen seine Tochter, dass er sie von einem Privatdetektiv aus Florida beschatten ließ. Der Typ heißt Grant, nur für den Fall, dass Boyle Ihnen erzählen sollte, ich hätte diese Geschichte erfunden."

„Ok, wir werden das überprüfen... Also, wenn ich das richtig verstanden habe, Mister Olsson, dann bestand Ihre Rolle darin, Mrs. Nelsons Liebhaber zu werden, um sie vom Weltranglistenersten zu trennen. Ist das so richtig? ... Keine einfache Aufgabe, sollte man meinen."

„Nein, ganz so stimmt das nicht, also jedenfalls ist das nicht alles... Also, eigentlich wollte der General sie loswerden."

„Wirklich? Und es hat Sie nicht gewundert, dass Boyle so etwas von Ihnen verlangt?"

„Äh... doch. Aber er hatte mich in der Hand. Ich brauchte die Wildcards wirklich, um die Tour spielen zu können. Und nach dem, was er für mich getan hatte, war ich ihm das auch irgendwie schuldig."

„Und aus diesem Grund haben Sie sie in Schottland umgebracht?"

„Nein, das war ein Unfall... Naja... Genau genommen war das so nicht geplant gewesen."

„Sondern wie?"

„Es war so, dass Amanda schon seit langem kokainabhängig war. Das weiß ich von ihrem Vater. Sein Plan war, dass ich darüber mit ihr in Kontakt komme, dass ich ihr die Ware billiger anbiete. Dass sie die Droge von mir bezieht, verstehen Sie?"

„Ja, ich denke schon. Und dann? Ich verstehe immer noch nicht den Zusammenhang..."

„Und dann musste es mir gelingen, sie über dieses Mittel von Will abzubringen, um sich schließlich ‚des Problems zu entledigen', wie der General sich ausdrückte."

„Und wie ‚entledigt man sich eines Problems', Mister Olsson?"

„Die Idee war, es wie eine Überdosis aussehen zu lassen. Irgendwann abends, wenn sie schon voll drauf gewesen wäre, hätte ich ihr eine Spritze gegeben. Den letzten Schuss, quasi. Sie hätte noch nicht einmal gelitten, im Gegenteil... Und keiner hätte daran gezweifelt, alle ihre Freunde wussten, dass sie drogenabhängig war."

„Warum hat es sich dann nicht so abgespielt?"

„Äh... Darf ich erst noch einen Schluck Kaffee trinken?"

„Selbstverständlich, Mister Olsson."

Sweeney betrachtete den Schweden, der Schwierigkeiten hatte zu schlucken. Er spürte, dass er endlich erfahren würde, was mit Amanda Nelson passiert war. Es sah so aus, als ob er einen perfekten Schlag gelandet hätte.

„An diesem Tag ist Amanda zwei Tage vor dem Beginn der *British Open* zu mir auf den Golfplatz gekommen, ohne vorher Bescheid zu sagen. Sie wollte, dass wir den Abend miteinander verbringen, eine ‚Absturzparty' mit Kokain. Wir machten das ab und zu... Vorher, am Nachmittag, wollten wir zuerst eine Runde spielen."

„Mister Olsson, entschuldigen Sie, aber haben Sie mit ihr geschlafen?"

„Wenn schon, denn schon... Unter dem Einfluss von Kokain hat sie vielleicht Sachen gemacht!"

„Nun gut", war alles, was Sweeney dazu sagen konnte, wobei er den Ekel zu verbergen suchte, den er für den Schweden empfand. „Wir haben keinerlei Toilettenartikel von ihr gefunden. Haben Sie die an jenem Tag mitgenommen?"

„Ich habe sie nicht genommen. Als sie mit dem Auto aus London angekommen ist, haben wir uns auf dem Parkplatz getroffen. Sie hat ihren Schlafanzug und ihre Schminksachen in meinen Kofferraum getan, um die Nacht im Hotel zu verbringen, und das ist alles."

„Und von dort aus sind Sie zusammen auf dem *Old Course* spielen gegangen?"

„Ja. Wir haben uns beeilt, um ihrem Mann nicht über den Weg zu laufen. Aber selbst wenn wir ihm begegnet wären, hätten wir ihm immer noch irgendeine Geschichte erzählen können. Für ihn war alles, was Amanda sagte, der Weisheit letzter Schluss. Er hätte niemals ihr Wort in Frage gestellt, selbst nachdem sie ihn mit Tyron Jr. betrogen hatte."

„Aha. Sie beide gehen also Golf spielen, und was passiert an Loch Nr. 6?"

„Das hat schon vorher angefangen. Ich nehme an, Amanda brauchte Stoff. Sie war nervös, hörte nicht auf herumzunörgeln. Irgendwann sagte sie zu mir, ich würde mich nur um sie kümmern, um ihrem Vater einen Gefallen zu tun, und dass ich keinerlei Gefühle für sie hätte. Im ersten Moment dachte ich, sie will mich bloß provozieren... Aber dann hat sie mir erzählt, sie hätte mit Buddy darüber gesprochen, und er wüsste, dass wir schon seit einiger Zeit etwas miteinander hätten. Da hat mich die Panik gepackt. Ich habe gespürt, dass sie dabei war, mir zu entgleiten, und dass der Plan, den ihr Vater und ich geschmiedet hatten zu scheitern drohte. Ich habe mir gesagt, dass ich etwas unternehmen müsste, bevor es zu spät war."

„Haben Sie da beschlossen, zuzuschlagen?"

„Hmm... Wir erreichten gerade das Loch Nr. 6 mit dem Namen *Heathery*. Es gibt da einen Wald rechts vom Loch, den einzigen auf der ganzen Bahn. Ich habe mir gedacht, dass ich an diesem Ort... Jedenfalls habe ich mit Absicht einen zu langen Schlag gemacht, mitten zwischen die Bäume."

„Gegen den Wind?"

„Woher wissen Sie das?"

„Ich habe vor Ort ermittelt. Ein Profi wie Sie kann seinen Ball dort nur hinschlagen, wenn er es absichtlich macht. Der heftige Wind vom Meer her weht alle Bälle nach links. Ich habe mir gleich gedacht, dass Amanda Nelson in den Wald gelockt werden sollte... Ist sie da nicht stutzig geworden? Sie war doch selbst eine Top-Golfspielerin."

„Nein, ich habe so getan, als sei ich von dem, was sie gesagt hatte, vollkommen abgelenkt... Also sind wir unter die Bäume gegangen und haben meinen Ball gesucht, und als sie mir den Rücken zuwandte, habe ich ihr mit dem Eisen, das ich in den Händen hielt, einen Schlag über den Kopf verpasst."

„Und ihre Leiche? Die haben sie zunächst einmal liegen gelassen, stimmt's?"

„Was? Das wissen Sie auch?"

„Analyse der Fragmente auf ihrer Kleidung und auf ihrem Körper. Das ist die Arbeit des Gerichtsmediziners... Antworten Sie, Mister Olsson."

„Äh... Ja. Es waren zu viele Spieler auf den verschiedenen Bahnen unterwegs. Ich habe sie schnell mit Blättern, Zweigen und Erde zugedeckt, und auch ihre Golftasche. So hatte ich erst einmal Ruhe. An diesem Tag war der *Old Course* nur für Profis zugänglich. Ich wusste, dass es abwegig war, dass jemand seinen Ball in diese Ecke katapultieren würde."

„Und wann sind Sie zurückgekehrt, um sie im Bunker zu vergraben?"

„In der folgenden Nacht. Sie vom Golfplatz zu bringen war unmöglich. Die Leiche so weit zu transportieren hätte ein zu großes Risiko bedeutet, von jemandem gesehen zu werden. Also habe ich im Sand des Hindernisses gegraben, das am nächsten dran war, und habe sie dort eingebuddelt. Das hat nicht sehr lange gedauert."

„Und ihre Golftasche?"

„Die habe ich in meinem Auto mitgenommen, und bevor ich zu den *British Open* gefahren bin, habe ich sie in einem Gebrauchtwarenladen in Dundee verkauft."

„Ihre Autoschlüssel, ihre Papiere, ihr Mobiltelefon?"

„Ach ja... Ich habe ihre Schlüssel und ihr Handy aus dem Wäldchen mitgenommen und alles aus dem Auto entfernt, anhand dessen Amanda hätte identifiziert werden können. Am nächsten Tag habe ich das alles in einem Wald vergraben, abseits der Straße, die nach Glasgow führt."

„Gut. Ich nehme an, General Boyle war zufrieden?", fragte Sweeney ironisch und leerte seinen Becher Kaffee.

„Im Gegenteil! Er hat mich vielleicht zusammengestaucht, als ich ihm die Nachricht überbracht habe! Das war zu Beginn der *British Open*. Er hat mir vorgeworfen, dass ich es nicht so gemacht habe, wie wir es vereinbart hatten... Wissen Sie, er hatte vor allem Angst, dass die Sache während des Turniers ans Licht kommen könnte.

Aber da Buddy sich nicht darum gekümmert hat, was seine Frau so trieb, und da Amandas Leiche erst in der darauffolgenden Woche entdeckt worden ist, hat Boyle sich am Ende beruhigt. Und so habe ich meine Wildcards bekommen."

„Gut, vielen Dank, Mister Olsson. Und jetzt zu Augusta?", fuhr Sweeney fort, ohne dem Schweden auch nur Zeit zum Atemholen zu lassen.

„Was, Augusta?"

„Augusta, Buddy Nelson, was sonst!"

"Dafür kann ich nichts."

"Wie, dafür können Sie nichts? Wenn Sie wollen, dass..."

„In Augusta hat Buddy nur bekommen, worum er förmlich gebettelt hat. Das war sozusagen Selbstverteidigung."

„Mister Olsson, ich rate Ihnen vorsichtig zu sein, wie Sie die Dinge darstellen. Ich befürchte, keine Jury wird sich gerne solche Behauptungen anhören."

„Doch wirklich, wenn ich es Ihnen doch sage! Der dicke Buddy ist gleich am ersten Turnierabend auf mich losgegangen... Ich war an Loch Nr. 13 und arbeitete nichts Böses ahnend an meiner Ballansprache... Plötzlich kam er wie ein Wahnsinniger auf mich zu, rot vor Wut. Er war schweißüberströmt."

„Was ist zwischen Ihnen vorgefallen?"

„Buddy Nelson hat angefangen, mich herumzustoßen, fast wäre ich sogar hingefallen. Er hat mir gesagt, dass seine Frau mit ihm über mich gesprochen hätte, dass sie ihm erzählt hätte, dass ich schon eine Zeitlang um sie herum schwänzelte. Er hat mich immer weiter geschubst, er wollte, dass ich zugebe, dass seine Frau meinetwegen nach St

Andrews gekommen war. Er ließ durchblicken, dass er es für möglich hielt, dass ich sie umgebracht hätte und wollte am nächsten Morgen mit einem schottischen Polizisten darüber sprechen... Waren Sie das?"

„Ja, er hätte mir das lieber früher erzählen sollen."

„In dem Moment habe ich es mit der Angst zu tun bekommen. Ich habe mich bis zum Rand des Greens von Loch 13 schubsen lassen, und dann, ohne Vorwarnung, habe ich zurückgeschlagen... Er ist sofort umgefallen."

„Ich kann es mir vorstellen... Und die Leiche?"

„Zuerst habe ich mich versichert, dass er nicht mehr atmet. Weil es gut möglich war, dass andere Spieler an dem Loch auftauchen würden, habe ich mich dann beeilt, ihn unter den Brückenbogen zu ziehen, zwischen Loch 13 und Loch 14. Ich habe nicht einmal überlegt. Anschließend bin ich sofort losgelaufen, um General Boyle zu benachrichtigen."

„Was, Sie haben ihn noch am selben Abend informiert?"

„Ja, natürlich. Ich wusste nicht mehr, was ich tun sollte. Als ich ankam, war ich immer noch völlig in Panik. Seine Sekretärin fing schon an, mich so feindselig anzusehen. Mein Hosensaum war völlig durchnässt, und das Wasser tropfte auf den Büroteppich. Aber das war noch gar nichts gegen das Gewitter, das es von General Boyle gesetzt hat."

„Was hat der General denn zu Ihnen gesagt?"

„Er hat begonnen, mich als unfähig hinzustellen, als Dummkopf und was weiß ich noch alles... Dann hat er sich beruhigt. Er hat nachgedacht und mir dann geraten, so zu tun, als ob nichts wäre, dass die Polizei überhaupt keinen Grund hätte, mich zu verdächtigen, und dass er versuchen würde, die Ermittlungen in eine andere Richtung zu lenken. Das hat mich beruhigt, und ich habe sein Büro verlassen... Als ich mich von ihm verabschiedet habe, dachte ich wirklich, die ganze Geschichte wäre jetzt vorbei."

„Okay, Mister Olsson", stellte der Inspektor fest... Gut. Wenn alles, was Sie sagen der Wahrheit entspricht, dann würde ich jetzt gerne verstehen, warum Sie beschlossen haben, gestern Nachmittag auf Tyron Jr. zu schießen?"

„Aber ich habe überhaupt nichts beschlossen!", protestierte der Schwede. „Ich weiß noch nicht einmal, warum er wollte, dass ich ihn umbringe!"

„*Er*, das ist General Boyle, nehme ich an?"

„Natürlich! Warum? Was hat er Ihnen denn erzählt? Denn wenn er mir alleine die Schuld an allem geben will, dann werden wir..."

„Warten Sie, Mister Olsson! Ganz ruhig! Wir sind hier, um Ihre Version der Ereignisse zu hören. Danach können wir immer noch Ihre Behauptungen denen von General Boyle gegenüberstellen... Ich sage es Ihnen noch einmal, der General ist Amerikaner. Die Rechtsprechung, der er unterliegt, ist wesentlich härter. Er kann mit deutlich höheren Strafen rechnen als Sie. Das erklärt so einiges... Nun gut, machen wir weiter, wenn Sie so freundlich wären."

„Ja gut, aber trotzdem, wenn er will, dass..."

„Mister Olsson!", ermahnte Sweeney ihn schulmeisterlich.

„Okay, ist ja gut... Was Will betrifft, habe ich keine Ahnung, was in ihn gefahren ist. Letzte Woche, als ich in der Nähe von Dublin beim Training war, hat der General mich angerufen. Zunächst habe ich gar nicht verstanden, warum. Ich dachte, er wollte mich über die Ermittlungen auf den neusten Stand setzen."

„Und...?"

„Zunächst einmal hat er mir gedroht, mir für Ballybunion keine Wildcard zu schicken. Es sei denn, ich würde ihm einen letzten Gefallen tun."

„Und worum handelte es sich diesmal?"

„Ich sage es Ihnen ja, ich habe überhaupt nichts verstanden... Er wollte, dass ich auf Tyron Jr. schieße, mitten im Turnier, vor laufenden Kameras. Ein Ding im ‚Kennedy-Stil' organisieren, das waren seine Worte."

„Und Sie haben ihn nicht gefragt, warum Sie gerade auf Tyron Jr. schießen sollten, und nicht auf jemand anderen?"

„Nein, ich habe nur gedacht, dass er mit Will abrechnen wollte, wegen dem Skandal mit seiner Tochter. Ich habe mir gesagt, dass er auch an ihm Vergeltung üben will."

„Nun, das werden wir sehen... Sprechen Sie weiter."

Seit der Geschichte mit dem unerlaubten Tragen von Waffen in Illinois wusste General Boyle, dass ich ein leidlich guter Schütze bin. Also hat er mir aufgetragen, mir in Irland ein Gewehr mit Zielfernrohr zu besorgen. Und dann hat er mir erzählt, der Rest sei ein Kinderspiel. Er hatte schon nachgemessen, von seinem Bürofenster aus war das Green vom achtzehnten Loch weniger als hundert Yards entfernt, und..."

„Wie bitte? Sie haben von seinem Büro aus geschossen, nicht von der Toilette aus?"

„Naja, ich habe gelogen, um Boyle zu decken. Der General hatte mir bereits vorgestern die Schlüssel gegeben und mir versichert, dass er die Sekretärin auf Abstand halten werde. So habe ich ohne lästige Fragen und Erklärungen sein Büro betreten und es verlassen können."

„Wer hatte diese Idee?"

„Na er, ich schwöre es Ihnen! Er hat mir sogar gesagt, dass ich den Applaus der Menge abwarten soll, um dann abzudrücken. Und er hatte recht, niemand hat etwas gehört. Ich habe das Klubhaus ohne Probleme verlassen können... Wenn Ihr Kollege da nicht gewesen wäre... Wie hat er es übrigens angestellt, mir so schnell auf die Schliche zu kommen?", fragte der Schwede besorgt. „Der General hat mich verpfiffen, ist es das?"

„Nein", entgegnete Sweeney lakonisch.

„Dann hat mich also jemand beobachtet? Das kann aber eigentlich nicht sein, ich habe gut aufgepasst, dass..."

„Auch nicht!" Der Inspektor konnte sich ein Grinsen nicht verkneifen.

Dem ungläubig dreinschauenden Sven Olsson blieb allerdings keine Zeit noch länger zu versuchen, Sweeneys belustigten Blick zu interpretieren, denn ein lautes abschließendes „Klick" beendete abrupt das Verhör.

Der Spieler schien bei dem Geräusch aus einer Art Hypnose zu erwachen. Er wurde sich plötzlich über die Funktion des kleinen schwarzen Kästchens bewusst, dessen Schnurren soeben gestoppt hatte. Er starrte den roten Bart seines Gegenübers an, bestürzt darüber, dass er gerade sein Geständnis geliefert hatte. Und zwar diesem... diesem... Verdammt! Dieser Typ wirkte so nichtssagend!

Gedankenverloren betrachtete Sweeney Sven Olssons betretene Miene und beschloss schließlich, sie als wahrhafte Trophäe anzusehen. Für einen Anfänger im Golf – hatte er nicht eben einen phantastischen ersten Schlag gelandet?

„Es wird jemand kommen und Ihre Aussage zu Protokoll nehmen. Ich danke Ihnen, Mister Olsson", beendete Sweeney das Gespräch.

Nachdem er sein wertvolles Diktiergerät wieder an sich genommen hatte, erhob sich Sweeney vom Tisch und durchquerte den Raum, ohne sich weiter um den konsternierten Blick des Schweden zu kümmern.

Im Flur konnte O'Leary sehen, wie sich ein strahlendes Lächeln auf dem Gesicht seines Kollegen ausbreitete. Und sogleich wedelte der junge Schotte mit seinem Metallkästchen und rief: „Er hat gestanden! Die drei Morde! Jeffreys, Sie können das Geständnis zu Protokoll nehmen, er erwartet Sie."

„Was!?", O'Leary blieb fast die Luft weg.

„Es hat funktioniert", wiederholte Sweeney ruhig.

„Moment mal... Moment, Inspektor...", stammelte der Ire.

„Gehen Sie, Jeffreys! Wir sollten das Eisen schmieden, solange es heiß ist. Er erwartet Sie, sage ich Ihnen... Olsson wird Ihnen brav erzählen, wie er Amanda und Buddy Nelson ermordet hat, und er wird Ihnen auch die Einzelheiten über sein Tontaubenschießen von gestern erzählen. Und lassen Sie sich ganz nebenbei auch den Namen seines Auftraggebers buchstabieren."

„Des Auftraggebers?“, jaulte O’Leary auf. „Was sagen Sie da, Sweeney? ... Okay, Jeffreys, gehen Sie, beeilen Sie sich. Schreiben Sie alles auf, was Olsson Ihnen da erzählen soll...“ Dann wandte er sich erneut dem glückseligen Grinsen seines Kollegen zu: „Also hatte er einen Komplizen?“

„Und ob! Und was für ein Kaliber!“, scherzte Sweeney und deutete mit den Händen die Ausmaße des Lachses an, den er letztes Mal im Flüsschen Dee gefangen hatte.

„Aber es ist wer?“, fragte O’Leary, alle Regeln der Grammatik außer Acht lassend.

„Raten Sie mal...“

„Gehen Sie mir nicht auf die Nerven, Sweeney! Also?“

„General Arthur Boyle! Ko-Direktor der *Professional Golfer’s Association*!“, posaunte Sweeney heraus, bevor er, auf sein Diktiergerät klopfend, hinzufügte: „Und es ist alles hier drin!“

Obgleich Inspektor O’Leary ausschließlich Kaffee getrunken hatte, hatte er plötzlich das Gefühl, dass der Flur des Kommissariats sich um ihn herum drehte, als hätte sich unter seinen Füßen plötzlich ein Fließband in Bewegung gesetzt.

„Äh... Sweeney, sind Sie sich Ihrer Sache sicher? Denn wenn Olsson Ihnen Unsinn erzählt hat...“

„Das stimmt schon, ich versichere es Ihnen. Von einigen Kleinigkeiten abgesehen stimmt es mit dem Szenario überein, das ich mir vorgestellt hatte. Boyle hat den Mord an seiner Tochter in Auftrag gegeben, und den Mord gestern an Tyron Junior. Der Mord an Buddy Nelson in Augusta war nicht geplant. Das war ein Schönheitsfehler. Olsson hat Buddy umgebracht, weil er befürchtete, dass dieser reden könnte. Amandas Mann hatte ihn in Verdacht.“

„Sagen Sie mir, Sweeney, wie haben Sie das gemacht?“

„Oh, äh, also ich habe ihm zuerst einmal eine Tasse Kaffee…“

„Nein! Wie haben Sie erraten, dass dies alles so passiert ist?“

„Ach so, Verzeihung… Aber ich habe überhaupt nichts erraten. Meine Tante Midge hat mich auf die Lösung gebracht. Die Einladungskarte, verstehen Sie, wie eine Wildcard für ein Golfturnier.“

„Häh?“, blökte O’Leary.

„Lassen Sie, ich erzähle es Ihnen später, das würde jetzt zu lange dauern… Im Moment muss ich Ihnen gestehen, dass ich ziemlich zufrieden mit meinem Ergebnis bin.“

„Also, das können Sie auch sein, Sweeney. Für einen Anfäng…“

„Sagen Sie, O’Leary“, unterbrach ihn der Schotte. „Gibt es beim Golf einen Ausdruck dafür, wenn ein Spieler seinen Ball mit dem ersten Schlag ins Loch befördert?“

„Ja, das nennt man *Eagle*, zwei Schläge unter Par. Warum?“

„Naja, ich verstehe ja nichts davon, aber *Eagle* klingt ganz hübsch und irgendwie auch schmeichelhaft. Wobei…“, überlegte Sweeney plötzlich.

„Ich freue mich zu früh, O’Leary… Die Runde ist noch nicht zu Ende. Erinnern Sie sich an Robby Elster gestern an Loch Nr. 18? Selbst wenn der letzte Schlag einfach erscheint, solange der Ball nicht am Boden des Lochs liegt… Los, wir sollten uns beeilen.

General Boyle läuft immer noch frei herum, und Gott weiß, was er gerade ausheckt. Außerdem, auch wenn die Motive für die ersten beiden Morde mir einleuchtend erscheinen, habe ich noch nicht begriffen, warum er Will Tyron Jr. ermorden lassen hat."

Ohne eine Antwort abzuwarten schnappte Sweeney O'Leary am Ärmel und zog ihn mit sich, auf Verfolgungsjagd des General Boyle.

DAS SPIEL IST AUS

Die irische Sonne wurde unsanft vom Sturm aus dem Schlaf gerüttelt. Wütend spie der Ozean seine sprühende Gischt auf die Granitküste und bedeckte sie mit einem schaumigen Kleid. Kraft der Gewalt seines Atems bog der Wind die Masten der Segelschiffe, um dann deren Wehklagen in die Heide hinauszutragen. Man konnte den Eindruck gewinnen, die Natur wolle sich durch ihr heftiges Aufbäumen von der Befleckung durch die Menschen reinigen.

Inspektor O'Leary stoppte den Motor seines Kombis am Fuße des Ballybunion Klubhauses. Dann wandte er sich Sweeney zu: „Glauben Sie, der General wird da sein?" Der Rotbärtige blickte auf die Anzeige seiner Uhr: „6:50 am. Kein Zweifel. Er ist bestimmt gerade damit beschäftigt, die Tagespresse durchzusehen, oder die Nachrichten im Radio zu hören... Sind Sie bereit, O'Leary, packen wir's?"

„Warten Sie, Sweeney. Ich habe mir alles genau angehört, was Sie mir erzählt haben, seit wir in Tralee losgefahren sind. Wenn es stimmt, was Olsson über Boyle sagt, dann können wir uns auf eine „handfeste“ Reaktion seitens des Generals gefasst machen. Denken Sie nicht?“

„Das klingt plausibel... Sind Sie bewaffnet, O’Leary?“

Anstelle einer Antwort lüftete der irische Inspektor den Saum seiner Jacke, um den Blick auf den Gurt seines Holsters freizugeben. „Neun Millimeter und neun Kugeln im Magazin. Das sollte reichen, oder? Auf, Sweeney, los geht’s.“

Kaum waren die beiden Polizisten aus dem Auto ausgestiegen, rissen die Windböen an ihnen und schoben sie rücksichtslos in Richtung des Klubhauses. Im Inneren angelangt mussten Sie über die schlummernden Körper von Journalisten und unzählige ineinander verhedderte Leitungen und Kabel hinwegsteigen. Wortlos erklommen sie die Stufen zum ersten Stock. Am Ende des Flurs befand sich General Boyles Sekretärin bereits auf ihrem Posten.

„Guten Morgen, Miss Stamp“, begrüßte Sweeney sie mit ernster Stimme. „Ist er schon da?“

„Äh... Ja. Aber Sie wissen ja, dass...“

„Danke, Miss Stamp. Es ist wichtig, passen Sie bitte auf, dass wir von niemandem gestört werden“, wies der Schotte sie an.

Inspektor O’Leary beeilte sich, an die Tür des Büros zu klopfen.

„Was ist?“ knurrte die Stimme des reizbaren Mittsechzigers.

Das Inspektoren-Duo trat entschiedenen Schrittes über die Schwelle ins Büro, um sich dann mitten im Raum dem General gegenüber aufzubauen.

„So früh?", wunderte sich der Ko-Direktor der PGA. „Sind Sie aus dem Bett gefallen?... Sagen Sie, haben Sie heute Morgen schon die Zeitungen gelesen?", fragte der General, und wedelte mit Siegermine mit den Titelseiten von *Times* und *Irish Independent*.

„Es ist unglaublich!", rief er aus. „Sehen Sie, das Turnier macht fette Schlagzeilen."

Strahlend legte er diese papiernen Trophäen zurück und wies sogleich auf den in einer Ecke des Schreibtischs aufgetürmten Stapel: „Und es ist das gleiche in allen anderen. Sie sprechen nur über uns... Und haben Sie außerdem all die Journalisten im Erdgeschoss gesehen? Sie kommen von überall her, einige werden noch heute Nachmittag aus Japan eintreffen. In weniger als zwölf Stunden ist Ballybunion zum Nabel der Welt geworden. Vollkommen unverhofft!", rief der unverfrorene General Boyle noch einmal begeistert aus.

„Setzen Sie sich, die Herren", lud er seine Besucher ein. „Ich warte auf die Sieben-Uhr-Nachrichten im Radio."

„Nein danke, General", antwortete O'Leary kalt. „Wir bleiben stehen."

„Ach so?... Übrigens, was ist denn mit Olsson?", fragte der General, ohne die gute Laune zu verlieren. „Was hat er Ihnen erzählt?... Ach, wo ich gerade daran denke! Ich hatte noch gar nicht die Gelegenheit, es Ihnen zu sagen, aber ich möchte Ihnen meine Gratulation für die Verhaftung aussprechen. Schnell und präzise, wirklich gute Arbeit!“

„Ähm… General… Olsson hat vor einer Stunde ein Geständnis abgelegt“, verkündete Sweeney mit ruhiger Stimme.

Plötzlich wischte General Boyle reflexartig mit seinem Arm die Zeitungen zur Seite, und auf seiner Stirn zeichnete sich eine Sorgenfalte ab.

„Ja, sehr gut… Und?“, brachte er heraus, wobei er sich um einen neutralen Tonfall bemühte. Die beiden Inspektoren wechselten einen Blick. Sweeney verstand, dass O'Leary es vorzog, ihm das Wort zu überlassen. Selbstsicher wagte sich der Rotbärtige vor und lieferte General Boyle die Antwort, um die er gebeten hatte: „General, ich hatte zunächst angenommen, dass es sich bei dem Mord an Ihrer Tochter um ein Verbrechen aus Leidenschaft handelt, und dass sie von Buddy oder einem ihrer Liebhaber umgebracht worden ist…“

„Aber… Moment mal, Inspektor, ich verstehe nicht… Warten Sie, wissen Sie etwa, wer Amanda ermordet hat?“, fragte Boyle perplex.

„Ja, Sir. Lassen Sie mich fortfahren… Ich sagte, ich glaubte zunächst an ein Beziehungsdrama… Doch es waren weder Leidenschaft noch Eifersucht, die zum Tod Ihrer Tochter geführt haben. Noch dazu sind zwei der möglichen Täter, Will Tyron Jr. und Buddy Nelson, seitdem selbst ermordet worden… Tja, ich möchte Ihnen nicht verheimlichen, dass ich selbst ziemlich schnell aufgehört habe, in diese Richtung zu ermitteln, nämlich nachdem ich Will und Buddy in Augusta getroffen hatte. Denn ich habe sofort bemerkt, dass deren Persönlichkeiten kaum mit dem üblichen Täterprofil solcher Verbrechen übereinstimmen. Allerdings sind mir in Augusta vor allem die heftigen Spannungen aufgefallen, die durch die sportlichen Ziele der Einzelnen entstehen: Insbesondere bei Tyron Senior und seinem Sohn... Ich habe begriffen, dass diese Ziele durchaus als Motiv für den Mord an Amanda in Frage kamen: Für Leute wie die Tyrons ist es nicht leicht zu akzeptieren, nicht mehr an der Weltspitze zu stehen, selbst wenn es sich nur um die Welt des Golfs handelt. Daher habe ich ganz logisch geschlussfolgert, dass Tyron Senior sich möglicherweise Ihrer Tochter entledigen wollte, da sie einer neuerlichen Zusammenarbeit zwischen seinem Sohn und dessen ehemaligen Caddie im Wege stand. Bestand seine einzige Hoffnung darauf, Will wieder an die Spitze der Weltrangliste zu bringen, nicht in einer Versöhnung der beiden?... Doch auch wenn diese Theorie in der Tat logisch erschien, warum dann anschließend Buddy ermorden? Konnte es sich bei dieser Tat um einen Unfall handeln? Hatte Buddy die Tyrons beschuldigt, seine Frau erschlagen zu haben, und war sein Mord das Ergebnis einer stürmischen Auseinandersetzung? Logisch, sogar plausibel, doch irgendwie erschien mir das alles schlecht eingefädelt... Trotzdem muss ich gestehen, dass ich bis gestern Nachmittag mit keinem anderen glaubwürdigen Szenario aufwarten konnte."

„Denken Sie denn, dass es anders war, Inspektor?"

„Ja, Sir. Es geht um Geld!", stieß Sweeney scharf hervor. Und fuhr dann mit seinen Ausführungen fort: „Mir war nicht sofort klar, welch kolossale finanzielle Beträge im internationalen Golf auf dem Spiel stehen. Ich war gekommen, um eine Welt des

Sports, der großen Champions zu entdecken... Wie unglaublich naiv von mir! Letzten Endes habe ich nur kühle, berechnende Profis getroffen... Aber wie könnte es auch anders sein, wenn die weltbesten Spieler Preisgelder in Höhe von sechs bis sieben Millionen Dollar im Jahr einstreichen? ... Es ist doch so, Sir?"

„Ja. Für die allerbesten liegen die Gewinne sogar deutlich darüber."

„Danke für diese Präzisierung... Und vor allem Sie selber haben mir gegenüber unablässig davon gesprochen, Sir. Ich war ja selbst Zeuge der Besessenheit, welche die Verwaltung dieser enormen Summen bei Ihnen ausgelöst hat, doch ich habe Ihnen nicht zugehört... Sie sprachen über Geld, und ich dachte bloß daran, mein eigenes Wissen über die Welt des Golfs zu vertiefen. Ich habe es nicht verstanden, Ihnen richtig zuzuhören."

„Sehr erfreut, dass ich Ihnen helfen konnte, Inspektor. Aber was hat das alles mit meiner Tochter zu tun, und wo ist dabei der Zusammenhang mit Olsson?"

„Ich habe es Ihnen gesagt, Sir. Er hat gestanden... Und wir sprachen gerade über *Sie*, General Boyle!"

Sweeneys letzter Satz wirkte wie ein Schlag ins Gesicht. Seine Worte brachten den Vulkan Boyle zum Ausbrechen. Der General sprang auf und seine Fäuste schnellten von der Tischplatte hoch, bereit, durch die Luft zu fliegen. Doch der Schotte ließ ihm keine Zeit zu explodieren: „Hinsetzen!", brüllte Sweeney. Sein roter Bart drohte vor Wut zu zerfetzen:

„Sie waren es, General Arthur Boyle, Sie haben Ihre eigene Tochter ermorden lassen."

„Aber, was...“

„Seien Sie still!“, befahl der Inspektor. „Sie hatten gehofft, dass Buddy nach Amandas Tod zu Tyron Jr. zurückkehren und ihm dazu verhelfen würde, seinen Rang als weltbester Spieler zurückzuerlangen!“, setzte Sweeney nach.

Durch diese Anschuldigungen und die unerwartete Autorität des jungen Inspektors wie vom Blitz getroffen, sank Boyle in seinen Sessel zurück. O'Leary beobachtete aufmerksam die Hände des Generals, wobei er sicherheitshalber seine Finger auf dem Leder seines Holsters liegen ließ.

Währenddessen schwoll der Sturm namens Sweeney weiter an, um dann mit voller Wucht auf General Boyle niederzufahren und dabei die letzten Lügen hinwegzufegen, hinter welchen sich dieser mächtige Mann noch verschanzte:

„Das einzige, was Sie wollten, General, war, dass Will Tyron Jr. wieder Turniere gewann. Sie hatten gehofft, dass dann die Einschaltquoten der Fernsehübertragungen wieder steigen würden. Kurz, dass alles wieder in Ordnung käme, so wie in den guten alten Zeiten. Sie hatten erwartet, dass Ihre reichen Sponsoren, von denen die Mehrheit Sie vor einem Jahr hatte fallen lassen, wieder an die Türen der Vereinigung klopfen würden... Ich kann mir gut vorstellen, dass Sie während dieser Saison, in der die Turniersieger kaum ‚medienwirksam‘ waren, dutzende Millionen von Dollar verloren haben. Ich bin sogar überzeugt davon, dass in Ihren Augen der Auslöser für das alles Ihre Tochter war. Indem sie mit Tyron Jr. geschlafen hat, hat sie nicht nur die weltweite Nummer eins aus dem Gleichgewicht gebracht, sondern gleich das gesamte Umfeld seines saftigen Business."

General Boyle steckte die Attacken des Schotten Schlag für Schlag ein. Der Gegner hing offensichtlich in den Seilen. Doch Sweeney schien entschlossen, ihn endgültig KO zu schlagen. Er fuhr fort: „Doch Sie, General, Sie hatten keine Kontrolle mehr über Ihre Tochter. Sie hatte Spaß daran, Ihre väterliche Autorität zu untergraben, und gleichzeitig sabotierte sie Ihr Finanzimperium. Dazu kommt, geben Sie es zu, dass diese Tochter Ihnen ständig nur Schande bereitet hat. Amanda war so voller Fehler, so anders als Sie... Indem Sie Olsson den Auftrag gaben, sie zu ermorden, würden Sie die Ordnung in Ihrer kleinen Golf-Welt wieder herstellen und außerdem Ihre persönlichen Rachegelüste befriedigen. War es nicht so, General Arthur Boyle?"

Unter den Querschlägen des Inspektors schien in dem kurzen Zeitraum von einer Minute die noch kräftige Muskulatur des Mittsechzigers in sich zusammenzuschmelzen. O'Leary hätte schwören können, dass Boyle in der Zwischenzeit die Kleidung gewechselt hatte. Sein Anzug wirkte plötzlich mindestens zwei Kleidergrößen zu groß, derartig schlotterte er plötzlich um ihn herum. Doch Sweeney war noch nicht fertig:

„Schlecht für Sie, General, dass Olsson Buddy in Augusta getötet hat. Das hatten Sie leider nicht vorhergesehen... Mit einem Schlag war nicht nur die Leiche Ihres Schwiegersohns, sondern auch Ihr Plan ins Wasser gefallen. Tyron Jr. würde nie wieder mit Buddy Nelson zusammen spielen können. Sie konnten Ihre Hoffnung in den Wind schlagen, ihn wieder an seine alten Erfolge anknüpfen zu sehen. Und da Sie mit Sicherheit immer noch mehr und mehr Geld verloren, die Verwaltungsratssitzung der PGA immer näher rückte und Ihre Konten immer weiter in die roten Zahlen abrutschten, gehe ich davon aus, dass Ihnen zu diesem Zeitpunkt die absolut schwachsinnige Idee zu dem Mord an Tyron Jr. gekommen ist."

„Allerdings muss ich kontern...", protestierte Boyle schließlich. „Sie haben keinerlei Beweise für Ihre Anschuldigungen!"

„Ich bin noch nicht fertig!", donnerte Sweeney. „Da für Sie Tyron Jr. erledigt war und Ihnen nicht mehr das erhoffte Geld in die Kassen spülte, haben Sie beschlossen, ihn als Bauernopfer über die Klinge springen zu lassen... Sie haben also einen machiavellischen Plan ausgebrütet: Will Tyron Jr. auf dem Altar der finanziellen Interessen der PGA zum Opfer darzubringen... und zwar live! Vor den Kameras aller Welt, was für ein Publikum! Ein Coup à la Kennedy, das ist es, womit Sie Olsson beauftragt haben. Natürlich, wer würde nach einem solch medienwirksamen Ereignis noch die *Professional Golfer's Association* und ihre Turniere ignorieren können?"

Schließlich führte Sweeney angeekelt mit zynischem Tonfall hinzu: „Ich hoffe, Sie sind zufrieden, General.... Sie haben den Geiern ausreichend Frischfleisch geliefert: Drei Tote! ... Drei Tote wegen Geld... Aber für Sie ist die Runde jetzt zu Ende, General: Das Spiel ist aus!"

Zunächst blieb General Boyle kraftlos in seinem Sessel sitzen, das Gesicht auf den Fußboden gerichtet. Dann legte er zu O'Learys großer Erleichterung seine Hände auf den Schreibtisch.

Doch plötzlich hob der General mit einem Ruck den Kopf. Auf einmal schien er seine Überheblichkeit wiedergefunden zu haben: „Wegen Geld, sagen Sie? Sie haben offensichtlich überhaupt nichts verstanden. Sie sind zu jung... Ihr Mangel an Reife hindert Sie daran, die ganze Dimension des Problems zu erfassen. Lassen Sie mich Ihnen das erklären. Danach stehe ich Ihnen zur Verfügung... Zunächst einmal, Herr junger Inspektor, haben Sie einen Parameter vollkommen außer Acht gelassen: Wissen Sie, dass die *Professional Golfer's Association* im Jahre 1916 gegründet wurde, und dass heute über zwanzigtausend Angestellte für sie arbeiten? Ihr Budget übersteigt das der Formel Eins, sowie auch das jeder anderen Sportart. Die PGA ist die größte sportliche Vereinigung der Welt! Verstehen Sie das, mein kleines Kerlchen?", versetzte Boyle, verächtlicher denn je.

„Ich verstehe den Zusammenhang nicht", meldete sich O'Leary zu Wort.

„Den werde ich Ihnen erklären, den Zusammenhang, werter Herr... Als der Verwaltungsrat der PGA mich vor mittlerweile drei Jahren zum Ko-Direktor gewählt hat, da hat er mir das Schicksal dieses riesigen Unternehmens, sowie der Arbeitsplätze von Tausenden von Menschen in die Hände gelegt. Können Sie sich eine Vorstellung davon machen, oder soll ich es für Sie aufmalen? Man hat mir das Vertrauen entgegengebracht, um diese Mission zu erfüllen, und ich habe sie angenommen." Boyle hielt einen Moment lang inne.

Er sah den beiden Polizisten lange herablassend in die Augen, bevor er fortfuhr: „Doch *die Mission*, nicht wahr, das ist ein Begriff, der für Sie keine Bedeutung mehr hat, nicht wahr? Für Ihre Generation ist doch alles was zählt, so wenig zu arbeiten wie möglich. Ihnen reicht es, im eigenen Saft zu schmoren und sich ab und zu einen Joint zu drehen, ist doch so? Ich bin sicher, Sie denken so. Amanda war auch so eingestellt... Bei Ihnen beiden bin ich mir übrigens sicher, dass Sie noch nicht einmal Ihren Militärdienst abgeleistet haben! Irre ich mich?"

Sweeneys und O'Learys konsterniertes Schweigen schien General Boyle in seinen Unterstellungen zu bekräftigen.

„Die Mission, ihr jungen Rotznasen! Die Mission!", redete er sich in Rage. „Aber sie ist heilig, die Mission! In Vietnam, in Kuweit, in Bosnien, überall habe ich meine Mission erfüllt. Auf Biegen und Brechen! Was denken Sie denn? Es ist vorgekommen, dass ich Männer verloren habe, manchmal auch Freunde... Ich habe Angst gehabt, dass auch ich dran glauben werden müsse, fast wäre es auch so weit gekommen, aber dies alles hatte nie auch nur die geringste Bedeutung. Das Einzige was zählte war, die Mission zu erfüllen. Nur das kann einen Mann aus Ihnen machen... In der Armee, auf jedem Posten, den ich innehatte, bin ich niemals an meiner Mission gescheitert. Niemals! Verstehen Sie?"

Die beiden Inspektoren trauten kaum ihren Ohren. General Boyles Rede war ins vollkommen Surrealistische und Groteske abgedriftet. Und er schien mit seinen Ausführungen noch nicht am Ende zu sein:

„Und dann, als ich den aktiven Dienst quittiert habe, und man mir zur Aufgabe gegeben hat, das Unternehmen *Wat Mall* zu sanieren, bin ich nach den gleichen Grundsätzen vorgegangen. Selbstverständlich hat es funktioniert. Wie immer. Doch dann, als ich an der Spitze der PGA angekommen war, hat sich die mir anvertraute Mission sofort als schwierig herausgestellt. Unsere traditionellen Marktanteile begannen wegzubrechen. Gefährdet durch die Konkurrenz von neuen, populäreren Sportarten. Aber ein Scheitern kam nicht in Frage! Es war völlig gleichgültig, wer sich mir in den Weg stellte, ob es meine eigene Tochter war, oder die Tochter von irgendjemand anderem... Wissen Sie, das Einzige, was im Leben zählt, das ist die Erfüllung der Mission. Wenn Sie wenigstens in der Lage wären, diese eine Sache zu verstehen: Wir kleinen Individuen sind nichts gegenüber der Größe einer erfüllten Mission!“

„General, ich denke nicht, dass...“, hob Sweeney endlich an, ihm zu widersprechen.

„Jetzt sehen Sie sich das an!“, schrie Boyle auf und riss wütend ein Fax aus dem Stapel zu seiner Rechten. „Seit gestern Nachmittag habe ich Dutzende solcher Schreiben bekommen! Verschiedene Fernsehsender, amerikanische, europäische, japanische, außerdem Banken, Automobilhersteller... Seit dem Coup von gestern ist die ganze Welt hinter der PGA her! In sämtlichen Medien wird nur noch von uns gesprochen... In weniger als zwei Wochen wird die Vereinigung reicher sein, als sie es jemals war. Also ja, ob es ihnen gefällt oder nicht, ich habe meine Mission erfüllt. Ich habe es geschafft! Ja, ihr jungen Rotzlöffel, ich gehe erhobenen Hauptes!"

General Boyle stand plötzlich auf, trat hinter seinem Schreibtisch hervor und ging auf die Polizisten zu.

„Sir, Sie sind festgenommen", verkündigte Inspektor O'Leary.

Vollkommen ruhig ließ sich General Boyle Handschellen anlegen, wobei ihm die Arroganz aus sämtlichen Poren strömte. Doch bevor er sich aus dem Büro führen ließ, musterte er die beiden Männer ein letztes Mal: „Sie denken wirklich, dass Sie gewonnen haben, nur weil Sie mich verhaften?" An Sweeney gewandt fügte er hinzu: „Spielen Sie Golf, Inspektor?... Nein? Dann werde ich Ihnen eine kleine Grundregel erklären: Ich lag von Anfang an einen Schlag vorn... Im Verlauf Ihrer Ermittlungen haben Sie immer nach mir gespielt, und das ist im Golf ein nicht wieder gutzumachender Fehler. Der Spieler, der seinen Ball als erster auf die Bahn abschlägt, hat einen entscheidenden Vorteil gegenüber seinem Gegner. Wenn dieser sich nun seinerseits anschickt zu spielen, sieht er in diesem Moment mitten auf dem Fairway einen störenden weißen Ball herumliegen... Und je mehr er versucht, ihn zu ignorieren, je mehr er versucht, ihn aus seinem Bewusstsein zu verdrängen, desto stärker prägt sich das Bild des Balls in sein Gehirn ein, tief, eindringlich, bis er es nicht mehr löschen kann. Bis er nur noch den Ball sieht... Am Ende, in dem Moment, in dem er seinen Schwung macht, kann der Gegner nur noch an eines denken: ‚Nicht den Ball auf dem Fairway treffen!' Natürlich versucht er, diese kleine Stimme aus seinem Kopf zu vertreiben, doch diese kleine Stimme gehört ihm selbst! ... Und sie wiederholt unablässig: ‚Nicht den Ball auf dem Fairway treffen!‘ Und ohne dass er sich dessen bewusst ist, wird daher sein ganzer Körper versuchen, seinen Schlag so weit weg wie möglich von diesem verdammten weißen Ball zu landen, der ihn verwirrt, und der den gesamten Fairway zu blockieren scheint... Es ist klar, bei einem mittelmäßigen Spieler können Sie davon ausgehen, dass sein Schlag jämmerlich irgendwo im Rough landen wird! Und Sie Inspektor, was Sie nicht wussten war, dass ich Sie dadurch, dass ich als Erster gespielt habe, genau dahin gelenkt habe, wo ich Sie hin haben wollte... Verstehen Sie, Inspektor Sweeney? Ich sage Ihnen jetzt, was passiert ist: Ich habe immer genau so gespielt, wie ich es geplant hatte; und Sie haben anschließend unaufhörlich daneben geschlagen! ... Aber nun ja, seien Sie nicht allzu enttäuscht, Sie haben ja auch etwas gewonnen: Immerhin haben Sie eine ordentliche Lektion in Sachen Golf gelernt! ... So, meine Herren, gehen wir. Es tut mir leid, Inspektor“, schloss er. „Ich mache hier die Ansagen: Sie haben verloren. Das Spiel ist aus!“

Ohne noch weiter abzuwarten griff O’Leary General Boyle am Arm und führte ihn aus dem Büro.

„*Great Scott!*“, rief Sweeney fassungslos aus. Wenn ich das Tante Midge erzähle...“

ÜBER DEN AUTOR

John-Erich Nielsen wurde 1966 in Angers, Frankreich, geboren. Er arbeitete zunächst als Deutschlehrer, bevor er für zwölf Jahre in die französische Armee eintrat. Im Jahr 2001 kehrte er in den Schuldienst zurück, widmet sich allerdings seit 2012 ausschließlich seiner Tätigkeit als Autor und Verleger, unter anderem der erfolgreichen Krimireihe um Archibald Sweeney: Einem jungen schottischen Kriminalinspektor, schlaksig, unrasiert, oft etwas träge und leicht verschroben, aber durchaus liebenswert, der als „Markenzeichen" ständig einen Golfschläger mit sich herumträgt. In Frankreich sind bisher 15 Bände der mit Spannung und Humor im britischen Stil erzählten Serie erschienen. In Deutschland befindet sich derzeit der zweite Band in Vorbereitung.

Printed in Poland
by Amazon Fulfillment
Poland Sp. z o.o., Wrocław

78879931R00153